Elke Heinemann · Nachmittag einer Dichterin

Elke Heinemann

Nachmittag einer Dichterin

Essays & Storys

Edition Isele

EDITION ISELE

Umschlagmotiv: Klaus Isele

ISBN 978-3-86142-637-0

www.klausisele.de

Herstellung:
BoD – Books on Demand, Norderstedt

Inhalt

She is not trying to tell Him He is a God
but her only feeling of God is in Him.

Olga Rudge, *Letter to Ezra Pound*, 25.1.1930

Olgas Augen

Eine literarische Skizze

Die Augen der Geigerin Olga Rudge sind die Augen einer Botticelli-Venus, auch der Hals ist ähnlich, ein wenig überlang also, ein winziger Makel, der ihr beim Geigenspiel gerade recht sein mag und zudem ihre Schönheit hervorhebt, die ansonsten ohne Makel ist, genau wie die Schönheit einer Botticelli-Venus, aber dieser winzige Makel macht sie, anders als eine Botticelli-Venus, erreichbar und damit begehrenswert. Dass der Dichter Ezra Pound in den Augen der Geigerin die Augen einer Botticelli-Venus gesehen habe, behaupten einige Kommentare zum Leben der Geigerin, wobei sie den überlangen Hals nicht erwähnen und zudem verschweigen, dass die im Gedicht beschriebenen Augen grün wie Glas sind, die Augen einer Botticelli-Venus hingegen goldbraun und die Augen der Geigerin veilchenfarben.

Das Gedicht, das der Dichter später verworfen, vernichtet, in Teilen weiter verarbeitet hat, das trotzdem in verschiedenen Frühfassungen ohne das Zutun des Dichters posthum publiziert wurde, wie alles, was er jemals zu Papier gebracht hat, posthum publiziert wurde, wenn es nicht bereits zeit seines Lebens infolge seines Zutuns publiziert wurde, dieses Gedicht also meint laut einiger Kommentare zum Werk des Dichters nicht die Botticelli-Venus, die auf dem Schalenwirbel einer kolossalen Jakobsmuschel balanciert, züchtig die Scham mit dem vom Maler sorgfältig in alterungsbeständiger Tempera gestrichelten und aufwendig mit Gold eingefärbten Haar bedeckend. Nein, es soll eine andere, in blaurotem Sternenmantel gehüllte Botticelli-Venus gemeint sein, die mariengleich und schwanger wirkt, aber nicht mariengleich gemeint sein kann laut einiger Kommentare zum Werk des Malers und erst recht nicht schwanger, sondern fruchtbar in einem irdischen, zugleich verzwickt-metaphysisch-metaphorischen Sinn. Glaubte doch der Maler nach einigen Kommentaren zu seinem Leben an die modische, von Gesängen mittelalterlicher Troubadoure und Ideen antiker Denker durchströmte neuplatonische Liebesphilosophie seiner Zeit, auf die hier aus Zeitgründen nicht näher eingegangen werden kann, nur so viel sei gesagt, dass sie von gelehrten Herren für gelehrte Herren verfasst wurde, die um geistige und körperliche Schwangerschaft wussten und im Eros ein Mittel sahen, göttliche Luftkorridore zu erreichen.

Aber nun rasch ein Zeitsprung ins frühe 20. Jahrhundert, in dem der Dichter, der in den Augen der Geigerin die Augen einer Botticelli-Venus gesehen haben soll, nicht nur die Troubadourlyrik des Mittelalters in sein amerikanisches Englisch überträgt, sondern auch eine modische, von den Ideen neuplatonischer Denker durchströmte französische Sexualtheorie seiner Zeit, die der Frau den physischen Erhalt und dem Mann die geistige Entwicklung der Menschheit attestiert. Sein Hirn, so stellt es sich der Dichter nun allen Ernstes vor, ist ein Spermaklumpen, die poetische Schöpfung ein Samenerguss. Er bestellt eine Skulptur seines Kopfes als Marmorphallus, er bringt sich selbst so oft wie möglich in eine halbliegende Position, um seine Hirnmasse in der Waagerechten zu halten. Der Dichter ist ein Genie, ein Halbgott und ein Gott in Personalunion, zugleich ein potenter Ganzkörperpenis, allzeit bereit, sich zu entladen.

Er erfindet ein poetisches Magazin nach dem anderen, er prägt und ordnet die Literatur der Moderne neu unter

Verzicht von Texten aus der Hand von Frauen. Das Zeitschriftenwesen sei von Weibern überschwemmt, und der Vorsatz, nur Männliches zu drucken, brauche nicht publik zu werden, vertraut er seinem Agenten an, das würde dem Absatz nicht guttun. Aber wenn man es so ein paar Jahre lang durchhalte, werde der stetige Zuwachs an Qualität letztlich diesem ungerechten Kriterium zuzuschreiben sein. Der Beweis, dass irgendeine Frau je eine literarische Technik erfunden hätte, stünde noch aus, getraut er sich zu schreiben. Ja, es habe ein paar Schriftstellerinnen gegeben, aber die Männer wären besser. Derweil wetteifern Frauen in den Literatursalons von London, von Paris darum, die Augenfarbe des Dichters lyrisch ins Bild zu setzen. Kadmium. Bernstein. Topas. Der sanfte Goldton eines kostbaren Dessertweins.

Andere Frauen faszinieren die Augen der Geigerin viel mehr, in denen der Dichter die Augen einer Botticelli-Venus gesehen haben soll. Einige Kommentare zum Werk des Dichters tun diese Deutung als baren Unsinn ab. Nicht eine Botticelli-Venus sei in diesem Gedicht gemeint, sondern die Botticelli-Flora, Göttin des Frühlings und der Fruchtbarkeit, deren Augen tatsächlich nicht goldbraun, sondern glasgrün sind, wobei sie sich mit jeder Botticelli-Venus dasselbe Vorbild teilt, eine Florentiner Schöne, die der Maler mal mit glasgrünen, mal mit goldbraunen Augen porträtiert hat. Das Gedicht, in dem es angeblich um die Augen der Geigerin geht, entstand übrigens lange bevor der Dichter der Geigerin begegnete, lange bevor die Geigerin schwanger war von ihm und nicht nur, wie die mariengleiche Botticelli-Venus, schwanger wirkte. Der Dichter, so schlussfolgern einige Kommentare zu seinem Leben, ist ein Seher. Tatsächlich sind die Augen der Geigerin veilchenfarben, wie gesagt, aber auf einem Fotoporträt schaut sie den Betrachter ähnlich an wie die Botticelli-Flora, nämlich direkt und zugleich durch ihn hindurch in eine unbestimmte

Ferne, in der er mächtiger ist und größer als ein Mensch es je sein könnte, in der er unerreichbar ist wie ein Genie, ein Halbgott, ein Gott.

Kleists Briefwechsel mit einer Dame

Oder

Über die allmähliche Verfälschung der Schriften beim Redigieren

Die Briefe befinden sich in einer Schatulle, die Schatulle befindet sich in einem Schloss, das Schloss befindet sich in einem Märchen, und das Märchen befindet sich in ihrem Kopf. Sie könnte über das Märchen schreiben, in einem Briefroman vielleicht, aber dafür reicht ihre Lebenszeit nicht mehr aus. Elisabeth Baronin von Heyking, geborene Gräfin von Flemming, Bestsellerautorin und Enkelin des Dichterpaars von Arnim, stirbt am 4. Januar 1925 auf Schloss Crossen im östlichen Thüringen. In dem herrschaftlichen Anwesen auf dem Bergsporn hoch über der Weißen Elster bleibt kurz darauf die Zeit stehen. Verkauft das barocke Mobiliar, die chinesischen Seidentapeten, die ornamentalen Öfen, verfallen der zweistöckige Festsaal, die kostbaren Stuckdecken, verblasst die phantasievolle Illusionsmalerei des italienischen Meisters Giovanni Francesco Marchini, die die prunkvolle Architektur einst optisch verdoppelte, vervielfachte, ins Märchenhafte überführte.

Was ist ein Schloss? Schauplatz von Spekulationen im doppelten Wortsinn? Schloss Crossen, in seiner wechselhaften Geschichte mehrfach zweckentfremdet und 2007 für ein Spielgeld von 205.000 Euro versteigert, verwittert, verkommt, verfällt. Man stelle sich vor: Nicht das Gebäude interessierte die irischen Erwerber, sondern eine Schatulle mit Briefen, die dort gefunden worden ist. Mit enormem Gewinn verkaufen sie »Kleists Briefwechsel mit einer Dame«, der zahlreiche Notizen und Kommentare der Erfolgsschriftstellerin E. v. H. enthält, an einen privaten Sammler. Dessen

Erben wollen nun die Echtheit der Briefsammlung überprüfen lassen, in der sich kein einziges von Kleist verfasstes Schreiben befindet. Es scheint, als stammte das gesamte Konvolut aus der Hand einer Autorin, die mal mit »Bettine Brentano«, mal mit »Bettina Brentano« unterzeichnet hat.

Die Briefe offenbaren Überraschendes: Zwischen Oktober 1810 und März 1811 gab Heinrich von Kleist die »Berliner Abendblätter« heraus, für die er offenbar nicht nur bekannte Schriftsteller gewinnen konnte wie Achim von Arnim, Clemens Brentano, Wilhelm Grimm, Friedrich de la Motte Fouqué, Adam Müller, Friedrich Schleiermacher und Karl August Varnhagen von Ense, sondern auch eine junge Dame von Stand, die erst mehr als zwanzig Jahre später, nach dem Tod ihres Dichtergemahls, als Autorin hervortreten sollte.

Der Fund legt nahe, dass Elisabeth Catharina Ludovica Magdalena Brentano kurz vor ihrer Ehe mit Achim von Arnim, dem kongenialen Dichterfreund ihres Bruders Clemens, regelmäßig eine causerie littéraire unter dem Titel »B=Lectüren« in den »Berliner Abendblättern« publizieren wollte, in der es um den romantischen Brief gehen sollte, dem wichtigsten Genre der Zeit. Das war bisher unbekannt. Bekannt war hingegen, dass H. v. K. als Herausgeber und einziger Redakteur der feinen, nur vier Seiten umfassenden Tageszeitung die Texte anderer radikal redigierte. Immer wieder warfen ihm seine berühmten Mitarbeiter vor, er entstelle ihre Schriften und lasse keinen anderen Stil zu als den eigenen, was nur im Falle von »Räthseln« und »Polizeilichen Tages=Mittheilungen« akzeptabel sei.

Auch B. B. differenziert in ihren Briefen an H. v. K. zwischen Nachrichtenjournalismus und literarischen Kleinformen des Feuilletons. Meldungen wie »Auf dem Markte ist einem fremden Müller eine abgenutzte Metze zerschlagen und eine ungestempelte nach Erlegung von 2 Rthlr. Strafe konfiszirt« sollten möglichst je eine Information pro Halbsatz aufweisen, nicht mehr als zehn Zeilen pro Absatz enthalten und von hinten zu kürzen sein. Die Fünfundzwanzigjährige beschreibt in ihrem Brief ein noch heute gültiges Regelwerk der Presse – Hit the main story up! – und merkt dazu kritisch an, H. v. K. unterwerfe allerdings sowohl den Polizeibericht als auch den namentlich gekennzeichneten Autorenbeitrag seinem Personalstil. »Der Aufsatz Hrn. L. A. v. A. und Hrn. C. B. über Hrn. Friedrichs Seelandschaft war ursprünglich dramatisch abgefasst«, gibt der Urvater aller literarischen Blogger im 19. Blatt des Jahres 1810 unumwunden zu, »der Raum dieser Blätter erforderte aber eine Abkürzung, zu welcher Freiheit ich von Hrn. A. v. A. freundschaftlich berechtigt war. Gleichwohl hat dieser Aufsatz dadurch, dass er nunmehr ein bestimmtes Urtheil ausspricht, seinen Charakter dergestalt verändert, dass ich, zur Steuer der Wahrheit … erklären muss: nur der Buchstabe desselben gehört den genannten beiden Hrn.; der Geist aber, und die Verantwortlichkeit dafür, so wie er jetzt abgefasst ist, mir. H. v. K.«

Als Autorin der »Berliner Abendblätter« ergehe es ihr wie einem »Kinde«, dem man keine »Eigenthümlichkeit« zugestehe, schreibt B. B. entsprechend in einem Brief vom 1. Dezember 1810. Warum sie nicht »gratiös« spielen dürfe wie eine Puppe in einem Marionettentheater, fragt sie in demselben Schreiben, in dem sie ausführlich aus verschiedenen Antwortbriefen H. v. K.s zitiert, die fiktiv sein mögen oder nicht. Sie übe sich oft im Gespräch mit dem Bruder Clemens in »die allmähliche Verfertigung der Gedanken beim Reden« ein, schreibt sie weiter, wohingegen H. v. K. sich offenbar in »die allmähliche Verfälschung der Schriften beim Redigieren« versteige, so wenig stimmten die von ihr verfassten Causerien mit den Ergebnissen seiner Redaktion überein. Sie ziehe daher ihre Aufsätze ausnahmslos zurück.

Ein Literaturredakteur, erklärt B. B. abschließend, sollte die Beiträge seiner Autoren in ihrer »Stileigenthümlichkeit« würdigen und sie, »falls nöthig«, verbessern, anstatt sie zu ihrem »Nachtheil« umzuformen. Die »große Kunst« des Redigierens werde jedoch zu selten gelehrt und es sei nicht abzusehen, dass sich daran in naher oder ferner Zukunft etwas ändere. Die Verfremdung ihrer Schriften habe am Ende dazu geführt, dass sie nicht einmal mehr genau wisse, ob sie nun »Bettine« oder »Bettina« sei.

Sollte die Echtheit dieser Autographen bestätigt werden, wäre allein die Information, dass H. v. K.s Redaktion bei B. B. eine Identitätskrise auslöste, die sie als Autorin um rund zwei Jahrzehnte zurückwarf, eine kleine Sensation. Zudem würde die »große Kunst« des Redigierens in unserer Zeit, in der alle alles im Internet publizieren können, vielleicht ein wenig mehr Aufmerksamkeit erhalten.

Die Fälschung unterscheidet sich vom Original dadurch, dass sie echter aussieht.

Ernst Bloch

Wahre Fälschung

Unter den fiktiven Texten der Weltliteratur sind mir einige besonders wichtig: Jene von Pierre Menard perfekt kopierten Kapitel des »Don Quijote«, von denen Jorge Luis Borges erzählt, und Hugo Verniers Büchlein »Le Voyage d'hiver«, das in Georges Perecs gleichnamiger Erzählung das vollkommene, auf Verse und Visionen der französischen Dekadenz vorausweisende poetische »Urbuch« zu sein scheint. In beiden Fällen handelt es sich um fiktive Texte, von denen in fiktionalen Texten die Rede ist. In beiden Fällen stehen sie für kaum erreichbare dichterische Perfektion. Und in beiden Fällen gehen sie verloren: Borges Erzähler erinnert sich daran, wie »Pierre Menard, Autor des Quijote« die karierten Hefte mit den bereits sorgfältig geschwärzten Spuren seiner Kopistentätigkeit auf allabendlichen Spaziergängen verbrannte. Auch Hugo Verniers schmaler Band geht in Flammen auf, und der ambitionierte Erforscher dieses Werks, der Literaturwissenschaftler Vincent Degraël, hinterlässt nach seinem Tod in einem Irrenhaus eine vierhundert Seiten starke, mit dem Titel »Le Voyage d'hiver« überschriebene Kladde: Auf acht Seiten hat er seinen Forschungsstand niedergelegt, die übrigen Seiten sind leer.

Die Faszination, die von Menards und Verniers Literatur ausgeht, ist nicht in ihrem Mockumentary-Charakter begründet, nicht darin, dass die Leser annehmen könnten, es handelte sich um reale Texte. Hier geht es nicht um trügerische Fakes, nicht um ein Phänomen wie das vermeintlich altgälische, tatsächlich aber um die Mitte des 18. Jahrhunderts von dem schottischen Schriftsteller James Macpherson ersonnene Heldenepos »Ossian«, das die Dichtung europaweit beeinflusste. Vielmehr bestechen die Simulacren in Borges und Perecs Erzählungen dadurch, dass sie reale Texte sein könnten, obwohl es sie gar nicht gibt, da sie uns etwas über Welt und Wahrnehmung mitteilen. Ein Vexierspiel, das das Verhältnis von Original und Nachschöpfung außer Kraft setzt und auf das Mögliche verweist, aus dem das Wirkliche herausragt wie die Spitze eines Eisbergs.

»Kleists Briefwechsel mit einer Dame Oder Über die allmähliche Verfälschung der Schriften beim Redigieren« heißt ein solchermaßen inspirierter Text, den ich in dem Literaturmagazin »Sinn und Form« publiziert habe. Er beginnt mit einem Märchen, das in einem Schloss spielt, wo eine Schatulle mit Briefen gefunden wird. Erfunden hat das Märchen die Erfolgsschriftstellerin Elisabeth von Heyking, eine Enkelin des Dichterpaars von Arnim. Aber bevor sie das Märchen zu Papier bringen kann, stirbt sie auf Schloss Crossen im östlichen Thüringen. Über achtzig Jahre später erwerben irische Investoren das Gebäude samt Inhalt; »Kleists Briefwechsel mit einer Dame« geht mit Gewinn an einen privaten Sammler, dessen Erben nun die Autographen prüfen lassen, die alle aus der Hand Bettine Brentanos zu stammen scheinen. Kleist wird von ihr als Herausgeber der »Berliner Abendblätter« angeschrieben, einer vierseitigen Tageszeitung, die zwischen Oktober 1810 und März 1811 erschien, gefüllt mit Beiträgen bekannter Dichter. Bettine erklärt in ihren Briefen, die literarischen Causerien, die sie in dem Blatt veröffentlichen wollte, zurückzuziehen, weil Kleist ihnen ihre »Stileigenthümlichkeit« genommen habe.

Tatsächlich verstarb Elisabeth Baronin von Heyking, geborene Gräfin von Flemming, Bestsellerautorin und Enkelin Bettines 1925 auf Schloss Crossen, tatsächlich wurde das Schloss 2007 versteigert, tatsächlich unterwarf Kleist

– darin gleichsam der Urvater aller Blogger – als Herausgeber der »Berliner Abendblätter« die Beiträge anderer seinem Personalstil. Der Rest ist Fiktion, die gleichwohl wahr sein könnte. Kein Fake, sondern eine Erzählung, die trotz einiger Hinweise auf den fiktiven Charakter der auszugsweise zitierten Briefe auf andere wie ein Forschungsbericht wirkt: Der Text fand Aufnahme in die Bestandsdatenbank des Kleist-Archivs Sembdner, könnte eines Tages Grundlage wissenschaftlicher Qualifikationsarbeiten werden und damit Teil des Wirklichen, das aus dem Möglichen herausragt wie die Spitze eines Eisbergs.

Literatur

Jorge Luis Borges: Pierre Menard, autor del *Quijote* (1939). In: Sur. Revista mensual. 5/1939. Dt.: Jorge Luis Borges: Pierre Menard, Autor des Quijote. Aus dem Spanischen übersetzt v. Karl August Horst. Bearbeitet v. Gisbert Haefs. In: Jorge Luis Borges: Gesammelte Werke/Band 3/I, Carl Hanser Verlag, München und Wien 1981

Elke Heinemann: Kleists Briefwechsel mit einer Dame Oder Über die allmähliche Verfälschung der Schriften beim Redigieren. In: Sinn und Form. Beiträge zur Literatur. 3, Akademie der Künste, Berlin 2017; vgl. http://www.kleist.org/db/bestand.php?quick_filter=heinemann%2C+e in der Bestandsdatenbank des Kleist-Archivs Sembdner

Georges Perec: Le Voyage d'hiver (1979). In: Magazine littéraire. 193/1983. Dt.: Georges Perec: Die Winterreise. Aus dem Französischen übersetzt v. Eugen Helmlé, hg. von Jürgen Ritte, Edition Plasma Berlin 1990

Under Cover

James Kirkups Erzählung über Heinrich von Kleist und Thomas Pynchon

Es beginnt nicht in Jorge Luis Borges' utopischer »Bibliothek von Babel«, in der sich alle vorstellbaren, aber dem Menschen unverständlichen Bücher befinden, sondern in einer Mega-Bibliothek der realen Welt: Wissensspeicher und Fiktionsreservoir zugleich, enthält die größte Universalbibliothek des deutschsprachigen Raums, die Staatsbibliothek zu Berlin, rund zehn Millionen Bücher, Zeitschriften und Zeitungen, mehr als zwei Millionen Mikroformen sowie Inkunabeln, Drucke, Karten, Bilder und Autographen in großer Zahl, darunter den in 42 Kästen archivierten handschriftlichen Nachlass des so produktiven wie erfolgreichen Dichters, Schriftstellers, Übersetzers und Herausgebers Johann Ludwig Tieck, der Jugendschriften, Briefe, Essays, Bearbeitungen, Übersetzungen umfasst, ein unvollendetes Buchmanuskript über Shakespeare, ein 455 Blätter starkes englisches Wortregister zu dessen Werk sowie diverse Kryptonachlässe anderer Autoren, zu denen auch Heinrich von Kleist gehört.[1] Anders als seinem Nachlassverwalter war Kleist trotz der Ambition, »der größte Dichter seiner Nation zu werden«, prae mortem kein literarischer Ruhm beschieden.[2] Zahlreiche Gemälde, Zeichnungen, Reliefs und Scherenschnitte zeigen Tieck in verschiedenen Lebensstadien, doch es gibt nur ein offizielles, von Peter Friedel geschaffenes Porträt des jungen, fast kindlich wirkenden Kleist, das sich der Dichter »ehrlicher« gewünscht hätte.[3] Somit lässt sich nicht mit Bestimmtheit sagen, wie Heinrich von Kleist wirklich ausgesehen hat. Auch ist sein kurzes, nur fragmentarisch dokumentiertes Leben Objekt literarhistorischer Spekulation.[4] Und auf seinen Berliner Kryptonachlass bezieht sich neuerdings ein bemerkenswertes Gerücht.

Unter den zahlreichen, vor nicht langer Zeit auf Amazon verlagsfrei publizierten Kindle-E-Books, die aus rechtlichen Gründen schon nach wenigen Tagen wieder gelöscht werden mussten,[5] soll sich die Erzählung »Under Cover« des britischen Dichters, Schriftstellers und Übersetzers James Kirkup[6] befunden haben – ein von unbekannter Hand eingestellter, autobiographisch inspirierter Text, im Kern, wie es angeblich in Kirkups Vorwort heißt, »a true story« aus dem Sommer 1963, in dem John F. Kennedy vor dem Rathaus Schöneberg mehrfach bekundete, er sei ein Berliner. Wenige Monate zuvor hatte Peter Brook das Dürrenmatt-Drama »Die Physiker« in Kirkups englischer Fassung am Londoner Aldwych Theatre erfolgreich inszeniert.

Derart ermutigt, habe Kirkup damals beschlossen, ein weiteres Theaterstück aus dem Deutschen zu übertragen. Ein Stipendium der »Royal Society of Literature« ermöglicht es dem 45jährigen Autor, in der Berliner Staatsbibliothek das Lustspiel »Der zerbrochene Krug« in der Originalhandschrift zu studieren, die sich im Kleistschen Kryptonachlass befindet. Zeitgleich schreibt Kirkup die Short Story »Under Cover«: Der Ich-Erzähler ist ein britischer Autor mit dem Namenskürzel K., der sich in der »Staatsbibliothek zu Berlin« ausgiebigen Kleist-Studien widmet. Nach Bibliotheksschluss besucht K. das skurrile, auf Science Fiction spezialisierte Kreuzberger Antiquariat »Another Country«, wo es nicht nur englischsprachige Literatur gibt, sondern auch griechisches »Mythos«-Bier, das man auf durchgesessenen Sofas und Sesseln zu sich nehmen kann. K. lernt hier eines Abends zwei angetrunkene Amerikaner kennen, einen ehemaligen GI und einen 26jährigen Schriftsteller, die, maskiert als Ernest Hemingway und Scott Fitzgerald, über

»evil books« diskutieren. Der junge Autor aus den Staaten prahlt, er habe bereits »a Tom Wolfe period, a Scott Fitzgerald period, a Byron period, a Henry James period, a Nelson Algren period, a Faulkner period« hinter sich und plane nun ein Libretto, das wie Ray Bradburys »Martian Chronicles« auf Science Fiction basieren könnte. Zugleich bereite er in der Berliner Staatsbibliothek seinen zweiten Roman vor, nachdem sein Debüt kürzlich für den National Book Award nominiert worden sei. Trotz mehrerer Versuche gelingt es ihm nicht, die verworrene Handlung seines Buches wiederzugeben, das dem Weltbild der Chaostheorie geschuldet zu sein scheint. Erregt ruft er, auch Kafka habe nicht geplottet, und entnimmt dem Kühlschrank mehrere Flaschen »Mythos« auf einmal.

Was er von Kleist halte, fragt K. nach einem Moment der Stille. Der andere prostet ihm zu und offenbart, dass er in der Staatsbibliothek nicht nur Soldatenmagazine wie »Stars and Stripes«lese, sondern auch das Kleistsche Werk. Eines der großen Themen Kleists, »the fundamental deceivability of man«, nehme er für sich selbst in Anspruch. Überdies fühle er sich Kleist im Streben nach Anerkennung nahe. »Ruhm ist das größte der Güter der Erde«, zitiert der junge Schriftsteller aus den USA akzentfrei die Kleist-Sentenz. Allerdings sei Kleist erst post mortem die ersehnte Ehre zuteil geworden. Er selbst frage sich, ob man nicht prae mortem berühmt werden könne, indem man »the death of the author« inszeniere, was in etwa hieße, mit der eigenen Absenz zu spielen, durch den Literaturbetrieb zu gespenstern, hier und da Spuren hinterlassend, die Fragen über Fragen aufwerfen könnten: Wer ist dieser Autor – und wenn ja, wie viele? Ist dieser Autor vielleicht ein anderer? Etcetera, etcetera.

»Let me be unambiguous: I prefer not to be photographed«, gesteht er K. Vielmehr wolle er ein ruhiges, von der Presse unbehelligtes Leben führen, eine Frau heiraten, im besten Fall eine Literaturagentin, einen Sohn zeugen, dem zuliebe er in einem Zeichentrickfilm mit einer Papiertüte über dem Kopf auftreten könnte, sich bei Preisverleihungen von Komikern vertreten lassen, Kollegen treffen, die seine Abneigung gegen Reporter teilen, ohne Einsiedler zu sein. »My belief is that ›recluse‹ is a code word generated by journalists – meaning, ›doesn't like to talk to reporters‹«, sagt er schließlich, »so like please, please help me stay under cover.«

Am Ende der Erzählung behauptet K., nach der durchzechten Nacht nicht recht zu gewusst zu haben, ob das Ganze nur ein Traum gewesen sei. Auch habe er den amerikanischen Autor nie wieder getroffen, weder in der Berliner Staatsbibliothek noch in »Another Country«.

Es stellt sich nun die Frage nach dem faktischen Hintergrund der Erzählung »Under Cover«, da sie Aussagen des amerikanischen Schriftstellers Thomas Pynchon zu enthalten scheint, wie man sie aus den wenigen Interviews des Autors kennt, der sich seit seinem erfolgreichen Debütroman »V.« aus der Öffentlichkeit zurückgezogen hat.[7] Erste Recherchen haben zu folgenden Ergebnissen geführt:

1.a

Das Antiquariat »Another Country« wurde erst 1998 in Berlin eröffnet. Tatsächlich gibt es dort ein Regal mit der Aufschrift »evil books«, tatsächlich findet man im Souterrain einen großen Science-Fiction-Bestand, tatsächlich wird neben Literatur Bier verkauft. Buchladen, Leihbücherei und Club in einem, bietet »Another Country« ein Programm mit Filmnächten, Dinner-Abenden und Lesezirkeln an.[8] Laut BBC Travel und Lonely Planet gehört das Antiquariat zu den zehn besten Buchläden der Welt.[9] Möglicherweise wurde es nach James Baldwins Roman »Another Country« aus dem Jahr 1962 benannt, der vielleicht nur aufgrund der zahlreichen erotischen Szenen zum Bestseller wurde.

1.b
Historisches Vorbild des Antiquariats in Kirkups Erzählung »Under Cover« könnte die »Bücherstube Marga Schöller« gewesen sein, die mit ihrem großen englischsprachigen Literaturangebot bis 1974 am Berliner Kurfürstendamm Treffpunkt in- und ausländischer Autorinnen und Autoren war. Ob in den damaligen Geschäftsräumen Bier konsumiert wurde, und falls ja, wie oft, wann und wie viel, konnte bisher nicht ermittelt werden.[10]

1.c
Das Lagerbier »Mythos« wurde erst 1997 von der »Northern Greece Brewery Ltd.« auf den Markt gebracht. Heute gehört das Unternehmen, das mittlerweile »Mythos Brewery Ltd.« heißt, zur dänischen »Carlsberg-Gruppe«.[11]

2.a
Der britische Dichter, Schriftsteller und Übersetzer James Falconer Kirkup, geboren am 23. April 1918, gestorben am 10. Mai 2009, hat mehr als dreißig Bücher veröffentlicht, aber keine Erzählung mit dem Titel »Under Cover«.[12] Seine englische Fassung des Kleist-Dramas »Prinz Friedrich von Homburg oder die Schlacht bei Fehrbellin« erschien 1959 im Druck und wurde 1977 am New Yorker Chelsea Theater Center uraufgeführt.[13] Liegt der »Homburg« nur in einer Abschrift von unbekannter Hand vor – der »Heidelberger Handschrift«,[14] die Tieck 1821 und 1826 als Druckvorlage für die ersten Kleist-Ausgaben verwendet hat –, so ist »Der zerbrochene Krug« als Autograph in der Berliner Staatsbibliothek archiviert.[15] Allerdings ist keine Übertragung dieses Lustspiels durch Kirkup bekannt, der nach 1963 zwei weitere Dürrenmatt-Stücke – »Der Meteor« und »Play Strindberg« – sowie andere deutschsprachige Texte ins Englische übersetzte, darunter Erzählungen von E. T. A. Hoffmann

und Erich Kästners Kinderbuch »Der kleine Mann«.[16] »The Physicists« (1963) gilt als Kirkups bedeutendste Übersetzung.[17]

2.b
Kirkup wurde 1962 zum Mitglied der »Royal Society of Literature« gewählt, er erhielt mehrere Auszeichnungen für sein Werk, jedoch kein Stipendium für einen Aufenthalt in West-Berlin.[18]

2.c
Kirkup erwähnt in seiner fünfbändigen Autobiographie weder Kleist-Studien in der Berliner Staatsbibliothek noch durchzechte Nächte in einem Kreuzberger Antiquariat.[19] Ein Protagonist mit dem Namenskürzel K., der zum einen Kafkas »Process« geschuldet wäre, zum andern der Manier postmoderner Autoren, sich selbst als Romanfiguren darzustellen, ist in Kirkups vielfältigem Werk nicht auszumachen.

3.a
Es ist möglich, daß sich der amerikanische Schriftsteller Thomas Ruggels Pynchon Jr., um den es in Kirkups Erzählung »Under Cover« offensichtlich geht, 1963 in Berlin aufgehalten hat, um für den Roman »Gravity's Rainbow« zu recherchieren. Michael Naumann, ehemals Pynchons deutscher Verleger bei Rowohlt, hat zwar 1999 bei einer Podiumsdiskussion behauptet, der Autor habe ausschließlich den Bibliotheksbestand der »University of California« genutzt, um die Reise eines ehemaligen GIs durch Nachkriegsdeutschland schildern zu können.[20] Aber laut Hans Georg Heepe, Lektor der deutschen Fassung mit dem Titel »Die Enden der Parabel«, hat sich Pynchon »in einer Berliner Bibliothek« zwei Wochen lang mit »Stars and Stripes« be-

fasst, der Zeitschrift für die amerikanischen Besatzungssoldaten, in der sich wohl alles finden ließ, was er über das Kriegsende in Berlin erfahren wollte.[21] In der Tat ist »Stars and Stripes« in der Zeitungsabteilung der Berliner Staatsbibliothek archiviert.[22]

3.b

Pynchon wird in der Erzählung anscheinend korrekt zitiert.[23] Nur das indirekte Zitat, in dem es um Kafka geht, ist nicht belegt.[24] Und das poststrukturalistische Konzept vom »Tod des Autors«, das sich gegen die Tradition der psychologisierenden, an Dichterbiographien orientierten Literaturinterpretation wendet, stammt bekanntlich nicht von Thomas Pynchon, sondern von Roland Barthes.[25] Ein einziges Pynchon-Zitat kann dem Jahr 1963 zugeordnet werden: Nach dem großen Erfolg seines Debütromans »V.« soll der Autor seine damalige Vermieterin in einem Brief gebeten haben, der Presse seinen Aufenthaltsort nicht zu verraten.[26] Unklar ist, wann und warum Kirkup zeitlich später einzuordnende Pynchon-Zitate in seine Erzählung aufgenommen hat. War es künstlerische Freiheit, war es mangelndes Erinnerungsvermögen, war es der Wunsch, Pynchon nachträglich zu verklären? In der Erzählung wirkt Pynchon wie ein Visionär: Seit 1990 ist er tatsächlich mit einer Literaturagentin verheiratet, seit 1991 hat er einen Sohn mit ihr.[27] Ihm zuliebe lieh er 2004 wiederholt einer Zeichentrickfigur seine Stimme, die in der TV-Serie »The Simpsons« mit einer Papiertüte über dem Kopf auftrat.[28] Auch ließ er sich bei der Verleihung des National Book Award im Jahr 1974 von dem Komiker Irwin Corey vertreten.[29] Und angeblich trifft er sich in Manhattan regelmäßig mit anderen Schriftstellern, die so pressescheu sind wie er selbst.[30] Nicht 1963, sondern 1959, nicht in Berlin, sondern in New York, nicht in einem Antiquariat, sondern auf einem Maskenball soll Pynchon als Scott Fitzgerald aufgetreten sein, während sein bester Freund, der frühverstorbene Beat-Autor Richard Fariña, als Ernest Hemingway verkleidet war.[31]

3.c

Es gibt keinen Beleg dafür, dass Pynchon sich mit Kleist beschäftigt hat. Gleichwohl könnte er, folgt man dem Amerikanisten Helmut Müller-Sievers, zu Pynchons Vorbildern zählen.[32] Auch gibt es von Pynchon – wie von Kleist – nur ein einziges mutmaßlich authentisches Jugendbild, das der Autor jedoch nie zur Veröffentlichung freigegeben hat.[33]

Die hier dargelegten Recherchen zu Kirkups Erzählung »Under Cover« lassen folgendes Fazit zu: James Kirkup, ein Einzelgänger, der nach seinem Tod rasch in Vergessenheit geriet,[34] könnte nun in den Fokus jener Literaturwissenschaftler gelangen, die sich möglicherweise generationsübergreifend mit Pynchon beschäftigen werden,[35] denn es ist nicht auszuschließen, dass Kirkup ihm 1963 in Berlin begegnet ist. Der Umstand, dass der amerikanische Schriftsteller in »Under Cover« namenlos bleibt, kann ein Indiz dafür sein, dass Kirkup Pynchons Wunsch nach Anonymität respektiert hat. Zudem hat Kirkup die Erzählung nie veröffentlicht. Vorstellbar ist somit, dass sich die beiden in der Berliner Staatsbibliothek mit Kleist befasst haben; in diesem Fall wäre es wahrscheinlich, dass sie sich über ihre Lektüre austauschten. Ist es nur ein Bild der Phantasie, dass Pynchon damals den Plan fasste, weltweit als der Autor berühmt zu werden, über den prae mortem nicht mehr bekannt wurde als post mortem über Kleist?

1 https://staatsbibliothek-berlin.de/die-staatsbibliothek/abteilungen/handschriften/nachlaesse-autographen/nachlaesse-a-z/tieck/; Tieck publizierte unter seinem Klarnamen sowie unter den Pseudonymen Peter Lebrecht und Gottlieb Färber. Anonym veröffentlichte er 1796 mit seinem kongenialen Freund Wackenroder die kunsttheoretische, als »Manifest der deutschen Frühromantik« gerühmte Aufsatzsammlung »Herzensergießungen eines kunstliebenden Klosterbruders«. Vgl. das Nachwort von Richard Benz in: Martin Bollacher (Hrsg.): Wilhelm Heinrich Wackenroder und Ludwig Tieck: Herzensergießungen eines kunstliebenden Klosterbruders, Stuttgart 2005, S. 179. 1999 wurde der Asteroid 8056 nach Tieck benannt. Vgl. https://de.wikipedia.org/wiki/%288056%29_Tieck; Tieck war mit anderen Erfolgsschriftstellern seiner Zeit bekannt, mit den Brüdern Schlegel sowie mit Novalis, Brentano, Fichte, Schelling. Auch Goethe stand mit ihm in Verbindung, kritisierte aber sowohl die kunsttheoretischen Ansichten als auch die Prosa des Jüngeren: »Zuviel Morgensonne. Erntefest. Sentimentalität«, zit. nach Weimarer Ausgabe I, Bd. 47, S. 280. Goethe übersandte Schiller Tiecks Künstlerroman »Franz Sternbalds Wanderungen« mit einer abfälligen Bemerkung: »... unglaublich, wie leer das artige Gefäß ist«, zit. aus dem Brief vom 5.9.1798, WA IV, Bd. 13, S.267.

2 Zit. nach Günter Blamberger: http://www.heinrich-von-kleist.org/index.php?id=421: »Es mag eine Künstlerlegende sein, daß Kleist, einer Erinnerung seines Freundes Pfuel zufolge, nur ›das eine Ziel‹ gehabt habe, ›der größte Dichter seiner Nation zu werden‹, er folglich Goethes ›Vorrang gehaßt‹ habe und ihm ›den Kranz von der Stirn reißen‹ wollte.« Tieck bescheinigte Kleist eine »tiefe Disharmonie«, die bei dem Kulturmagnaten Goethe »Schauder und Abscheu« hervorgerufen haben soll. Vgl. http://www.textkritik.de/bka/dokumente/dok_t/tieck03.htm.

3 Kleist schreibt in einem Brief an seine Verlobte Wilhelmine von Zenge, der das Porträt zugeeignet war: «Mögest Du es ähnlicher finden als ich ... ich wollte er hätte mich ehrlicher gemalt.« Zit. nach Paul Ridder, der weitere Laienporträts des Dichters untersucht in: Ein Bildnis des unbekannten Heinrich v. Kleist, http://bilddetek.hypotheses.org/498; vgl. auch Eberhard Siebert: Heinrich von Kleist. Eine Bildbiographie, Kleist-Archiv Sembdner, Heilbronn 2009.

4 Beispielsweise wird Kleists mysteriöse, im Jahr 1800 unternommene Reise nach Würzburg mal mit einem Spionageauftrag in Verbindung gebracht, mal mit einer Phimose-Operation, mal mit

einem findigen Spiel, in dem es möglicherweise »um Formen der Geheimhaltung« ging. Vgl. dazu Günter Blamberger: Heinrich von Kleist. Biographie, Frankfurt am Main 2011, S. 118.

5 http://goodereader.com/blog/e-book-news/amazon-removes-thousands-of-self-published-e-books

6 www.amazon.com/Undercover-English-ebook/dp/B00J3N-PYNU/ref=sr_1_sc_1?s=digital-text/.

7 Selbst Pynchons Korrespondenz mit seiner früheren Literaturagentin Candida Donadio, kostbarstes Stück der Carter Burden Collection of American Literature, die 1998 an die Pierpont Morgan Library ging, wird erst nach seinem Tod der Öffentlichkeit zugänglich gemacht. Vgl. dazu die New York Times vom 21. März 1998: http://www.nytimes.com/1998/03/21/books/the-morgan-curtails-access-to-a-trove-of-pynchon-letters.html.

8 http://www.anothercountry.de/ .

9 Vgl. http://www.bbc.com/travel/story/20101118-the-worlds-greatest-bookshops.

10 http://www.berlinerzimmer.de/berlinerliteratur/margaschoeller.htm. Im derzeitigen Geschäftslokal in der Knesebeckstraße gibt es eine Kinderspielecke.

11 https://de.wikipedia.org/wiki/Mythos_Brewery

12 https://en.wikipedia.org/wiki/James_Kirkup. Unter den Publikationen befinden sich Gedichtbände, Romane, Theaterstücke, Reiseschriften und eine fünfbändige Autobiographie.

13 http://www.kleist.org/index.php/kleist-im-ausland/70-usa/149-the-prince-of-homburg-1977.

14 Vgl. Helmut Sembdners Aufsatz in der FAZ vom 6.6.1964: Heinrich von Kleist: Prinz Friedrich von Homburg. Nach der Heidelberger Handschrift herausgegeben von Richard Samuel unter Mitwirkung von Dorothea Coverlid, Berlin 1984.

15 S. http://staatsbibliothek-berlin.de/die-staatsbibliothek/abteilungen/handschriften/nachlaesse-autographen/nachlaesse-a-z/tieck/.

16 Vgl. https://portal.dnb.de/opac.htm?method=simpleSearch&query=118865463 (Katalog der Deutschen Nationalbibliothek).

17 Gerhard P. Knapp: Friedrich Dürrenmatt: Die Physiker, Frankfurt am Main 1997, S. 41.

18 https://en.wikipedia.org/wiki/James_Kirkup.

19 https://en.wikipedia.org/wiki/James_Kirkup#cite_note-5. Die autobiographischen Bücher (z.B. »The Only Child«, 1957, »Sorrows, Passions and Alarms«, 1959, »A Poet Could Not But Be Gay«, 1991) sind in verschiedenen Verlagen erschienen, darunter Weidenfeld & Nicolson, Collins, Peter Owen Ltd.

20 S. http://www.taz.de/1/archiv/?dig=2000/03/20/a0187: Naumann: »Pynchon hat mir einmal gesagt, wie er für ›Die Enden der Parabel‹ recherchiert hat. Er hat sich alle Bücher aus der Bibliothek der University of California ausgeliehen, die mit Bildern aus Deutschland illustriert waren.«

21 Hans Georg Heepe in Sven Ahnerts Radio-Feature »Warum Hunde Henry James lesen. Zum 70. Geburtstag von Thomas Pynchon«, DeutschlandRadio Kultur 2007: »Ich habe ihn damals bei ›Gravity's Rainbow‹ gefragt. Woher wissen Sie das alles? Das kann man doch nicht alles wissen? Da hat er gesagt: Ich habe mich einmal 14 Tage in Berlin in eine Bibliothek gesetzt und mir die täglichen Nummern von ›Stars and Stripes‹, der Zeitschrift für die amerikanischen Besatzungssoldaten, durchgelesen, und da wußte ich alles, was ich über das Ende von 1945 in Berlin wissen wollte.« http://www.deutschlandradiokultur.de/warum-hunde-henry-james-lesen.974.de.html?dram:article_id=150427.

22 http://zeitungen.staatsbibliothek-berlin.de/.

23 Vgl. CNN vom 5.6.97: »Where's Thomas Pynchon? CNN tracks down literary world's deliberate enigma«, http://edition.cnn.com/US/9706/05/pynchon/; vgl. auch Kachka, Boris: On the Thomas Pynchon Trail: From the Long Island of His Boyhood to the ›Yupper West Side‹ of His New Novel, http://www.vulture.com/2013/08/thomas-pynchon-bleeding-edge.html.

24 Allerdings ist Pynchon in Verbindung mit Kafka gebracht worden, vgl. http://www.pynchon.pomona.edu/bio/influences.html; auch kann der Name des Erzählers K. in »Under Cover« als Kafka-Referenz aufgefaßt werden. Siehe dazu hier 2.c.

25 Barthes hat den Aufsatz über den »Tod des Autors« 1967 zunächst auf Englisch unter dem Titel »The Death of the Author« in dem amerikanischen Magazin »Aspen« publiziert. 1968 erschien der Text unter dem Titel »Le mort de l'auteur« – eine Anspielung auf Sir Thomas Malorys Artus-Legenden »Le Morte d'Arthur« aus dem 15. Jahrhundert – im französischen Journal »Manteia«. Vgl. Roland Barthes: »La mort de l'auteur«. In: Roland Barthes: Le bruissement de la langue, Paris 1984. Zur Editionsgeschichte des Aufsatzes vgl. https://de.wikipedia.org/wiki/Der_Tod_des_Autors_%28Roland_Barthes%29#cite_ref-wilson340_1-0; v Als Parodie des Konzepts kann Woody Allens Film »Deconstructing Harry« aus dem Jahr 1997 interpretiert werden, in dem der erfolgreiche Autor Harry Block konturlos wird. Vgl. auch Michel Foucaults Replik »Qu'est-ce qu'un auteur?« In: Bulletin de la société française de philosophie 1969. In den neunziger Jahren

wurde der poststrukturalistischen Dekonstruktion des Autors die These von der »Rückkehr des Autors« entgegengesetzt, und zwar mit Blick auf die Urheberschaft, auf die personale Instanz vor der Zensur und auf den Verfassernamen, der als Garant für die Einheit eines Textkorpus gilt. Vgl. Fotis Jannidis, Gerhard Lauer, Matías Martínez und Simone Winko (Hrsg.): Die Rückkehr des Autors, Tübingen 1999.

26 »So like please, please help me stay under cover.« Zit. nach Kachka, Boris, a.a.O.

27 Vgl. dazu ibid.

28 Vgl. http://simpsons.wikia.com/wiki/Thomas_Pynchon.

29 Vgl. Kachka, Boris, a.a.O.

30 Vgl. CNN a.a.O. Der Bericht bezieht sich u.a. auf die Ausführungen der NYM-Reporterin Nancy Jo Sales, die Pynchon 1996 in Manhattan aufgespürt haben will.

31 Vgl. http://www.pynchon.pomona.edu/bio/influences.html.

32 Vgl. die Rezension des Romans »Against the Day« unter dem Titel »Drogen ohne Sucht« von Helmut Müller-Sievers in der Frankfurter Rundschau vom 18.1.07: »Aus Mason & Dixon hat er die hochfrequente, im Deutschen am ehesten an Kleist gemahnende Kommasetzung übernommen…« http://www.fr-online.de/ literatur/thomas-pynchon-drogen-ohne-sucht,1472266,3154046.html.

33 Vgl. http://www.deutschlandradiokultur.de/warum-hunde-henry-james-lesen.974.de.html?dram:article_id=150427: »Selbst der Rowohlt-Verlag darf das bekannte Matrosen-Foto aus den späten 1950er Jahren nicht publizieren.«; vgl. auch http://www.vice.com/read/who-is-thomas-pynchon-and-why-did-he-take-off-with-my-life-198, David Whelan: »Thomas Pynchon and the Myth of the Reclusive Author«, 9.10.14: «…there are only four known photos of Pynchon (and there's no proof that they are even photos of him)…«

34 S. den Nachruf auf James Kirkup von Glyn Pursglove and Alan Brownjohn in The Guardian vom 16.5.2009: »…he found social encounters difficult. He described himself as having an ›inborn sense of deep solitude and apartness‹.«

35 »He's (i.e. Thomas Pynchon, EH) said he wants to ›keep scholars busy for several generations‹, but Pynchon academics, deprived of any scrap of history, find themselves turned into stalkers.*« Unter * heißt es: *»This article has been corrected to show that Pynchon has said he wants to ›keep scholars busy for several generations‹, not ›keep scholars busy for generations.‹« Zit. nach Kachka, Boris, a.a.O.

Vom Überleben der Scham

Kafkas entlegene Schriften

Erster Fall: Die große schwere Dame flattert wie ein aufgescheuchtes Insekt umher. Ihre hochgesteckte Frisur löst sich, das schwarze Haar fällt auf die nackte Schulter, zerrissen sind das Unterkleid aus Gaze, das seidene Korsett mit den Strumpfbändern. Noch weisen die Reste der kunstvollen Frisur, der kostbaren Wäsche sie als Dame aus; bald wird sie lediglich die Nummer sein, die man in ihre Haut ritzt. Wenn sie es so weit überhaupt schafft. Sie bleibt stehen, atmet heftig, trippelt in Lackschuhen weiter. Sie ist umgeben von grölenden SS-Soldaten, die ihr die Kleider nehmen, die Pelze, den Schmuck, die sie mit Gewehren herumstoßen wie ein Tier. Ein Kamerad filmt die Szene, die mehr als ein halbes Jahrhundert später im Fernsehen zu sehen ist. Die Zuschauerin könnte sich für die schamlosen Soldaten schämen oder mit der beschämten Dame. Aber sie schämt sich, weil sie das Gerät nicht ausschaltet, obwohl sie das, was sie sieht, nicht gern sieht. Sie schämt sich ihres Voyeurismus, der sich an einem realen Schicksal delektieren kann, als wäre es eine Hollywoodphantasie. Dennoch wird sie über eine andere Art der Scham schreiben. Sie wird über die Scham schreiben, die keine flüchtige, durch Indiskretion hervorgerufene Gefühlsreaktion ist, sondern ein toxischer Zustand. Sie wird über die Scham schreiben, die den Menschen inwendig zersetzt, die seine Identität auslöscht, die ihn zu überleben scheint.

Zweiter Fall: Am Morgen seines dreißigsten Geburtstags ereignet sich das Unerwartete. Der Angestellte Josef K. wird in seiner Wohnung verhaftet. Auch hier gleicht das Geschehen einem bösen Traum, auch hier erregt es die Aufmerksamkeit einer Zuschauerin, einer greisen Nachbarin, die vor ihrem Fenster sitzt wie vor einem Fernseher, auch hier wird der Vorgang aufgezeichnet, jedoch nicht von einem deutschen Hobby-Filmer in SS-Uniform, sondern von dem jüdischen Dichter Franz Kafka. Obwohl Josef K., der Protagonist seines Romans »Der Process«, sich keiner Schuld bewusst ist, muss er sich einem undurchschaubaren Verfahren aussetzen, das ohne Hauptverhandlung endet, aber mit dem Todesurteil. Am Vorabend seines einunddreißigsten Geburtstags wird K. von zwei Herren in einem Steinbruch abgestochen. »Wo war das hohe Gericht, bis zu dem er nie gekommen war? Er hob die Hände und spreizte alle Finger. Aber an K.s Gurgel legten sich die Hände des einen Herrn, während der andere das Messer ihm tief ins Herz stieß und zweimal dort drehte. Mit brechenden Augen sah noch K., wie die Herren, nahe vor seinem Gesicht, Wange an Wange aneinandergelehnt, die Entscheidung beobachteten. ›Wie ein Hund!‹ sagte er, es war, als sollte die Scham ihn überleben.«

Ein Vierteljahrhundert liegt zwischen dem Überfall auf die Dame und der Verhaftung des Angestellten Josef K. Das erste Ereignis ist historisch, das zweite, ältere, gleichsam auf die Geschichte vorausweisende, fiktiv. Aber im Unterschied zu der Dame, deren Namen kaum jemand kennen dürfte, wurde K. als moderner Romanheld von trauriger Gestalt weltberühmt. Gleichwohl sind beide unfreiwillige Protagonisten im Spiel der Mächtigen. Ähnelt doch das Geschehen hier wie dort einer grotesken Inszenierung, einer schwarzen Komödie, die mäßig begabte Amateurschauspieler einem sensationsgeilen Publikum darbieten. Und so ist auch der Verlust der Intimität die erste Auswirkung der neuen Situation, in der sich K. und die Dame befinden. Dort, wo sie bisher unbeobachtet waren, sind sie jetzt den Blicken anderer ausgesetzt.

Der Blick des anderen ist Ausgangspunkt ungezählter Überlegungen zum Thema »Scham«, die seit den ersten flüchtigen Anmerkungen Darwins und Freuds publiziert worden sind. »So weit ich die einzelnen Äußerungen des Schamgefühls überblicke,« schreibt beispielsweise der Soziologe und Philosoph Georg Simmel zu Beginn des vorigen Jahrhunderts, »ist ihnen allen eine starke Betonung des Ichgefühles gemeinsam, die mit einer Herabdrückung desselben Hand in Hand geht. Indem man sich schämt, fühlt man das eigene Ich in der Aufmerksamkeit anderer hervorgehoben und zugleich, dass diese Hervorhebung mit der Verletzung irgendeiner Norm (sachlichen, sittlichen, personalen) verbunden ist. Die gar nicht zu vereinheitlichende Mannigfaltigkeit der Beschämungsgründe findet nun in diesem an sich sehr leeren Schema zunächst dadurch Raum, dass der gefühlte Gegensatz unserer Subjektivität gegen eine Norm sich auf unübersehbar viele Arten verwirklicht.«

Simmel analysiert dieses Missverhältnis allerdings nicht, das hier genauer betrachtet werden soll. Vielmehr behauptet er, dass der relevante andere ersetzt werden kann durch jene innere Instanz, die sich zum eigenen Ich verhält wie ein Subjekt zu einem Objekt, die es observiert, be- und verurteilt, als wäre sie eine dritte, missgünstige Person. Die beschriebenen Vorgänge scheinen jedoch auszusetzen, wenn der einzelne kein für sich selbst und für andere erkennbares Ganzes repräsentiert, sondern den anonymisierten Teil eines Ganzen, einer militärischen Truppe zum Beispiel. In diesem Fall sieht Simmel die Voraussetzungen des Schamgefühls aufgehoben, und zwar »sowohl die Selbständigkeit, das Befasstsein in eigener, individuell begrenzter Sphäre, wie die Bildung der normierenden Vorstellungen; ohne die eine kann es nicht zu der Betonung, ohne die andere nicht zu der Herabdrückung des Ich kommen.« Auf diese Weise ließe sich die Unverschämtheit der SS-Soldaten erklären, die die Dame bedrängten, oder die Ungeniertheit der Wachmänner, die K.s Frühstück vor seinen Augen, wie er empört berichtet, »schamlos aufgegessen hatten«. Nicht erklären lässt sich so das Verhalten der beiden Verhafteten – reagiert doch die Dame mit Panik auf den Überfall und K. mit Protest.

Tatsächlich befindet sich die Dame in einem Zustand sprachloser Verwirrung, dem neben Todesangst auch jenes Schamgefühl zugrunde liegen dürfte, das auf der Verletzung der Intimsphäre beruht. Unwahrscheinlich ist hingegen, dass sie sich für sich selbst schämt, weil man ihr Leben als »unwert« definiert. Und die generalisierenden, sich gegen alle Juden richtenden Schuldzuweisungen, die die Befehlshaber ihrer Peiniger propagieren, entbehren jeder logischen Argumentation. Die Schuld des einzelnen wiederum setzt eine bewusste oder unbewusste, vorsätzliche oder fahrlässige Verfehlung voraus, eine Unterlassung oder eine Tat, ausgeführt oder imaginiert. Aber die Dame wird nicht wegen eines Vergehens festgenommen, sondern weil sie so ist, wie sie ist. Darin gleicht ihr Schicksal dem des Angestellten Josef K.

Denn K. wird ebenfalls verhaftet, »ohne dass er etwas Böses getan hätte«. Die Wachmänner behaupten allerdings, dass das Gericht, dem Gesetz zufolge, von der Schuld angezogen werde. Als K. behauptet, schuldlos zu sein, offenbart er zugleich, dass er das Gesetz nicht kennt. »Desto schlimmer für Sie«, antworten die Wachmänner, die offenbar in der Unkenntnis des Gesetzes bereits einen Schuldbeweis sehen, »Sie werden es zu fühlen bekommen.« »Ich bin aber nicht schuldig«, insistiert K. im Gespräch mit dem Gefängniskaplan, »es ist ein Irrtum. Wie kann denn ein Mensch überhaupt schuldig sein. Wir sind hier doch alle Menschen, einer wie der andere.« – »Das ist richtig«, sagte der Geistliche, »aber so pflegen die Schuldigen zu reden.« Und so ist es wohl kein Zufall, dass K. kurz nach seiner Verhaftung eine emblematische Frucht zu sich nimmt, nämlich »einen schönen Apfel, den er sich gestern abend für das Frühstück vorbereitet hatte.«

Der Zeichencharakter dieser Mahlzeit ist kaum zu übersehen. Steht doch der Apfel im Fokus ungezählter Gemälde, die den biblischen Sündenfall zeigen. Franz Kafka hat sich mit dieser Bibelstelle mehrfach befasst, ohne sich für ihren moralischen Aspekt zu interessieren. Vielmehr bot ihm seine Bibellektüre Anlass, eigene erkenntniskritische Reflexionen zu formulieren. In der Forschung scheint es keinen Hinweis darauf zu geben, dass sich vermittels dieser Aphorismen das enigmatische Ende des Romans »Der Process« erläutern lässt.

Hat sich doch diesen Ausführungen zufolge der Mensch im Paradies nicht nur von Gott getrennt, sondern auch von sich selbst: Denn Erkenntnis vollzieht sich laut Kafka im Prozess der Unterscheidung zwischen sterblichem und ewigem Leben, zwischen empirischer Wirklichkeit und idealem Dasein, das nur »ahnungsweise« erfasst werden kann. Um diese Dichotomie aufzuheben, will der Mensch von dem zweiten verbotenen Baum essen – nach Kafka der eigentliche Grund für die Vertreibung aus dem Paradies. »Wir sind nicht nur deshalb sündig, weil wir vom Baum der Erkenntnis gegessen haben«, folgert er, »sondern auch deshalb, weil wir vom Baum des Lebens noch nicht gegessen haben. Sündig ist der Stand, in dem wir uns befinden, unabhängig von der Schuld.«

Mit anderen Worten: Der Mensch ist, so wie er ist, defizitär, unvollkommen in seinem vergeblichen Bemühen um Vollkommenheit, unfähig, einem göttlichen Ideal zu entsprechen oder einer höheren Instanz zu genügen, die im Roman »Der Process« als »Gesetz« bezeichnet wird. Sein Versagen manifestiert sich in Minderwertigkeitsgefühlen, die sich, verdrängt und unterdrückt, zu einem psychischen Komplex verdichten. Der Kontrolle des Ich entzogen, wirkt er wie ein Fremdkörper im Seelenleben und offenbart sich »unabhängig von der Schuld« als jene Scham, die den Menschen überleben könnte.

Es mag nicht überraschen, dass Kafkas Reflexionen der psychoanalytischen Diskussion in gewisser Weise nahestehen: Wird Scham in der älteren Literatur als Vorläufer des Schuldaffekts gedeutet, so ergründen neuere Forschungen ihre Funktion in Beziehungsprozessen sowie ihre Bedeutung für die Ausbildung von Erkenntnis, psychischer Struktur, Identität. Der Analytiker Günter H. Seidler bezieht sich in seinem Grundlagenwerk zum Thema »Scham« gar auf den Verlauf der Ereignisse im Garten Eden: Als die Menschen erkennen, dass sie nackt sind, bedecken sie bekanntlich ihre Blöße und verbergen sich im Wald vor Gott. Im Erkennen vollzieht sich Seidler zufolge die Unterscheidung zwischen Ich und Nicht-Ich, in der der Ursprung der Selbstreflexivität vermutet wird. Die Fähigkeit des Menschen, sich selbst als Objekt wahrzunehmen, ist demnach zugleich Voraussetzung für das Empfinden von Scham, das durch einen realen oder imaginierten Dritten, den biblischen Gott beispielsweise, evoziert wird. Zudem ist Selbstreflexivität nach Seidler verbunden mit der Einsicht in die eigene Begrenztheit, die sich im Schamaffekt äußert; sie ist das Merkmal, das den Menschen von Gott unterscheidet, das ihn im Vergleich mit ihm minderwertig und ohnmächtig erscheinen lässt: »In der Logik dieses Gedankens liegt es, wenn der Lebensbaum – als Ausdruck der Ungeschiedenheit, der Ungebrochenheit – im präreflexiven Raume bleibt.« Und das heißt im Paradies, aus dem der Mensch von Gott vertrieben wurde.

Es scheint, als fasse der Analytiker Scham als einen Affekt auf, der zwangsläufig aus der psychischen Evolution resultiert. Vergleicht doch der Mensch, wie er ihn schildert, seine reale mit einer idealen Verfassung und erfährt sich dabei als minderwertig. Seidlers Darstellung, die hier an Kafkas Bibellektüre denken lässt, entspricht einer geistigen Tradition, die den Erhalt von Hierarchien fördert, indem sie die Grundsituation des Menschen als ausweglos ohnmächtig kennzeichnet: Er ist unfähig, sich so, wie er ist, zu achten, und muss sich an Idealen orientieren, denen er nicht standhalten kann – sei es der biblische Gott, sei es das »Gesetz«, sei es das Über-Ich. Aber Missachtung und unverhältnismäßige Vergleiche sind Strategien der Machthaber. Und die Scham ist die Sprache der Unterdrückten.

Zwar hat auch Franz Kafka in seinen philosophisch-psychologischen Aphorismen die Entwicklung menschlicher Erkenntnis so geschildert, als müsse aus ihr ein defizitäres Selbstbewusstsein resultieren. Andererseits hat er in all seinen Romanen und Erzählungen gezeigt, dass Scham stets bedingt ist durch einen sozialen, das Individuum unterdrückenden Kontext. Bedeutsam scheint in diesem Zusammenhang seine Behauptung, die Dichtung habe es ihm ermöglicht, sein problematisches Verhältnis zu Hermann Kafka zu verarbeiten, den er in dem semifiktiven »Brief an den Vater« als selbstgerechte, willkürlich be- und verurteilende »letzte Instanz« beschreibt, als unerreichbares »Maß aller Dinge«. Eher literarisches, denn autobiographisches Zeugnis gibt der Brief gleichwohl einen Einblick in die Seelenlage des Autors, der in der Familie des Patriarchen angeblich als »Sklave lebte, unter Gesetzen, die nur für mich erfunden waren und denen ich überdies, ich wusste nicht warum, niemals völlig entsprechen konnte«. Auch andere Quellen weisen darauf hin, dass der »Vater zu stark« war für dieses feinnervige, nach der Mutter geratene Kind, das in seinen Albträumen darunter litt, ein »Nichts für ihn« zu sein: »Ich hatte vor Dir das Selbstvertrauen verloren, dafür ein grenzenloses Schuldbewusstsein eingetauscht. (In Erinnerung an diese Grenzenlosigkeit schrieb ich von jemandem einmal richtig: ›Er fürchtet, die Scham werde ihn noch überleben.‹).«

Nur als Schriftsteller – so deutet dieses auf das Ende des Romans »Der Process« bezugnehmende Zitat an – kann er versuchen, die durch den Vater erfahrenen Entwertungen zu bewältigen. Sein »großes Trotzdem«, wie Kafka das Schreiben nennt, gleicht allerdings dem Stein des Sisyphos: Konfrontiert er doch sich selbst und seine Figuren immer wieder mit dem Konflikt zwischen Individuum und Gesellschaft, ohne eine Lösung anbieten zu können. »Jeder Mensch ist eigentümlich und kraft seiner Eigentümlichkeit berufen zu wirken, er muss aber an seiner Eigentümlichkeit Geschmack finden. Soweit ich es erfahren habe, arbeitete man sowohl in der Schule als auch zu Hause darauf hin, die Eigentümlichkeit zu verwischen«, schreibt Kafka dazu in einem wenig beachteten, fragmentarischen Essay. Vergeblich habe er beispielsweise versucht, sich gegenüber seinen Eltern zu behaupten, als sie ihm mit »Berufung auf die Allgemeinheit« verboten, im Bett zu lesen (»Alle gehen schlafen, also musst auch du schlafen gehen.«). Die Unterdrückung seines Anliegens deutete er als Verurteilung seiner »Eigentümlichkeit«. Indem er sich infolge dieser Erfahrung ständig in Frage stellte, war es ihm unmöglich, Selbstvertrauen zu entwickeln: »Vielmehr war die Folge des Vorzeigens einer Eigentümlichkeit die, dass ich entweder den Unterdrücker hasste oder die Eigentümlichkeit als nicht vorhanden erkannte, zwei Folgen, die in lügenhafter Weise sich auch verbinden konnten. Hielt ich aber eine Eigentümlichkeit verborgen, dann war die Folge die, dass ich mich oder mein Schicksal hasste, mich für schlecht oder verdammt ansah.« Unter den wertenden Blicken der Eltern versuchte er vergeblich, sich bis zur Selbstaufgabe anzupassen: »Das war keine Täuschung, sondern nur eine besondere Form der Erkenntnis, dass, zumindest unter Lebenden, sich niemand seiner selbst entledigen kann.«

Diese »besondere Form der Erkenntnis« ist von zentraler Bedeutung für ein literarisches Werk, in dem gleichwohl keine Zwangslage aufgelöst wird: Treibt doch Kafka seine Figuren in die Selbstverleugnung, in die Verdrängung, die sich, wie Gregor Samsas Verwandlung in einen Käfer zeigt, als physische Entstellung offenbaren kann oder, wie im Fall des Angestellten Josef K., als Komplex aus belastenden Vorstellungen und Gefühlen, der in Gestalt der Scham ein Menschenleben zu überdauern scheint.

Literatur

Franz Kafka: Der Process (1914/15). Faksimilenachdruck der Erstausgabe des Buchdrucks von 1925, hg. und eingeleitet von Roland Reuß, Wallstein Verlag, Göttingen 2020

Franz Kafka: Brief an den Vater (1919). In: Nachgelassene Schriften und Fragente II. Kritische Ausgabe, hg. von Jost Schillemeit, S. Fischer Verlag, Frankfurt a. M. 1992

Georg Simmel: Zur Psychologie der Scham (1901) In: Schriften zur Soziologie, hg. von Heinz-Jürgen Dahme et al., Suhrkamp Verlag, Frankfurt a. M. 1983

Günter H. Seidler: Der Blick des Anderen. Eine Analyse der Scham. Mit einem Geleitwort von Léon Wurmser, Klett Cotta Verlag, Stuttgart 1995

Der Mensch wird am Du zum Ich.

Martin Buber

Der Brief an den Vater

Es begann also damit, dass ich einen Brief an den Vater schreiben wollte, ich wollte einen Brief an den Vater schreiben wie der Dichter K., der in seinem »Brief an den Vater« nicht nur den Vater, sondern auch den Sohn erfunden hat, sowohl der Vater als auch der Sohn sind also erfundene Figuren, die Ähnlichkeit mit wirklichen Personen haben, so dass es sich bei dem »Brief an den Vater«, wie ein bedeutender Germanist bemerkt hat, um Dichtung handelt, was nun alle Germanisten wissen, doch selbst wenn dies bisher kein noch so unbedeutender Germanist bemerkt hätte, so könnte mein Vater an dieser Stelle einfallen und dabei schallend lachen, würden alle Germanisten, bedeutend oder unbedeutend, läsen sie erst jetzt davon, vorgeben, es längst bemerkt zu haben, und wissend mit den Köpfen nicken, wie die künstlichen Hunde, die man manchmal auf den Hutablagen der Autos sehe. Wenn nur einer von ihnen, beispielsweise bei einem Dichterwettstreit im Fernsehen, die Aufmerksamkeit auf einen Dichter lenke, würden in der Regel alle Germanisten auf diesen Dichter aufmerksam, schrieben und sprächen über ihn, anstatt zu schweigen, was, könnte mein Vater rufen, während sein Gesicht rot anliefe, in der Regel das beste wäre! Aber Germanisten gäben gern vor, alles über Dichtung zu wissen – wie übrigens mein Vater selbst, der, im Unterschied zu K. und mir, niemals Germanistik studiert hatte, sich aber leicht über alle Germanisten erheben konnte und dies auch mit großer Selbstgewissheit tat. Germanisten, könnte mein Vater in wiedergefundener

Ruhe, die heißen Wangen mit einem gebügelten blütenweißen Taschentuch abtupfend, ausführen, seien in der Regel anmaßend und zudem chaotisch, wie beispielsweise der Dichter K., der zwar am Ende Jurist geworden sei, aber immerhin noch Germanist genug gewesen sein müsse, um ein unvergleichlich anmaßendes und chaotisches Werk verfasst haben zu können, das zu ordnen K. selbst offenbar unfähig gewesen sei, das ich gleichwohl in einem Brief an meinen Vater gelobt hätte, die ich eben auch Germanistik studiert hätte, und zwar auf Kosten des Vaters, der im Verlauf meines Studiums immer unzufriedener geworden sei, weil ich im Verlauf meines Studiums immer anmaßender und chaotischer geworden sei (man könnte sich vorstellen, dass seine kurzsichtigen Augen hinter der Arno-Schmidt-Brille dabei hart blinzelten, was meinem Vater aber nicht das Aussehen eines Dichters vom Ansehen Arno Schmidts verlieh, sondern das eines mathematisch begabten höheren Beamten, der er tatsächlich war, der er aus eigener Kraft geworden war, aus eigener Kraft hatte er sich, wie er sagte, hochgearbeitet, er, der von niedriger Herkunft war, hatte sich aus eigener Kraft hochgearbeitet, um ein höherer Beamter zu werden, was ihm ermöglichte, mir, seiner Tochter, ein Germanistikstudium zu ermöglichen, wenngleich er im Verlauf meines Studiums, eigenen Angaben zufolge, immer unzufriedener wurde, weil ich im Verlauf meines Studiums, wie er meinte, feststellen zu können, immer anmaßender und chaotischer wurde), und was wären die Folgen von Anmaßung und Chaos, wenn nicht größere Anmaßung, wenn nicht größeres Chaos, so mein Vater weiter, das kein kalkuliertes Intermezzo auf dem Weg zur Lösung sei, wie das kalkulierte Intermezzo, das man beispielsweise bei der Beschäftigung mit dem Solitärknobelspielzeug »Der Zauberwürfel« anstrebe, der aus 26 kleinen Würfeln besteht, angeordnet zu sechs drehbaren, verschiedenfarbigen Flächen, die man verstellen und dann vermittels wohldurchdachter, aus mathematischen Regeln ableitbarer Strategien neu ordnen kann, eine Aufgabe, die mein Vater aufgrund seiner mathematischen Begabung vorbildlich löste, im Gegensatz zu mir, die ich in hohem Maße mathematisch desinteressiert und unbegabt bin, so dass mein Vater bei den gelegentlichen Beweisen meines Unvermögens auf mathematischem Gebiet die Vaterschaft offen anzweifelte, und die ich, seiner Ansicht nach, in diesem Sinne ein Leben führte, das einem unstrategischen, nicht lösungsorientierten Chaos gleichkäme, ein chaotisches, unstrategisches, nicht lösungsorientiertes Leben, das ich in verantwortungsloser Weise führte, da ich mir anmaßte, ihm, meinem Vater, die Verantwortung für dieses Leben zu übertragen, indem ich mich als sein Opfer darstellte, wie ein zerquetschtes Insekt unter seinem Daumennagel etwa, und mein Leben wie etwas, das dahingewürfelt worden wäre! hätte mein aufgebrachter Vater in einem Brief an mich schreiben können, den ich hier auch dann nicht zitierte, wenn ich ihn selbst verfasst hätte und überdies fähig wäre, ihm einen Brief entgegenzusetzen.

Mein Vater war, wie gesagt, von niedriger Herkunft, er stammte, wie er freimütig zugab, von einer der vielen ungebildeten, aber, wie er stets hinzufügte, nicht unbegabten Landarbeiterfamilien ab, die zu Beginn des 20. Jahrhunderts aus dem Osten, aus Böhmen, Schlesien und Ostpreußen, ins Ruhrgebiet eingewandert waren, nicht, weil die Kultur sie angezogen hätte, die man dort noch kaum finden konnte, sondern das nachtschwarze Sediment des Reviers, sein kostbarer Sockel mit den streifenartig angeordneten Mazeralen, sein glänzender Vitrit, sein matter Durit, sein faseriger Fusit, sein feinstäubiges Anthrazit, seine silber- bis staubgraue Gas-, Flamm-, Gasflamm-, Mager-, Fett- und Esskohle, die umgeben war von den versteinerten Abbildern urzeitlicher Wesen. All das fanden die kunstsinnigen Vorfahren meines

Vaters an den subterranen Arbeitsplätzen der Brennstoffförderindustrie, die man heute dort nicht mehr findet, stattdessen findet man heute dort Kulturindustrie und Industriekultur, Bergwerke, umdekoriert zu Freizeitparks mit hohem Unterhaltungswert, in denen man etwas lernen kann über die Geschichte der Region, die jetzt eine Geschichte hat, nachdem alles zu Ende gegangen ist, was dort Geschichte hat machen können, und am Anfang der Geschichte entsteht dort Kultur, mehr noch, auf den ungenutzten Gleisen der stillgelegten Zechenbahnen entstehen Kulturen, zarte Gewächse, die man dort seit der Vertorfung und Inkohlung lokaler Sumpfmoorwälder in Präkambrium und Altpaläozoikum, Karbon und Perm, Mesozoikum und Tertiär nicht mehr gesehen hat, und die eines Tages Geschichte machen könnten, und da die Geschichte sich oft wiederholt, wird es wahrscheinlich wieder die Geschichte eines fossilen Brennstoffs sein, hervorgegangen aus einer ähnlich kohlenstoffreichen Flora wie das Papier meiner antiquarischen Zeitschriftenausgabe mit Briefen des Dichters K., die mein Vater, aufgebracht über Anmaßung und Chaos im Werk K.s, eines Tages im Ofen verbrannte.

Seine Stimme war ein tosender Waldbrand, der eine schroffe Landschaft schwärzte, über die sich ein violetter Himmel in Blitzen entlud, die Hitze drang in die rissigen Felsen ein, die bald unter vereistem Schnee verborgen bleiben sollten bis zum regnerischen Frühling, an den sich ein andauernd heißer Sommer anschloss, die Sonne schien bis zur Erschöpfung, auch an dem Tag, an dem eine kleine, vom Alter gekrümmte Frau sich auf den Weg durch die versengte Steppe machte, den jungen Leuten, die weit vor ihr gingen, etwas nachrufend, ihre Lungen füllten sich mit Luft wie zum letzten Mal, ihr Ruf erreichte die Jungen nicht, die, ohne sich umzublicken, voranschritten, die Distanz erweiternd, die Alte konnte nicht mehr mithalten, sie blieb zurück, sah die anderen in der Ferne, an der flirrenden Linie des Horizonts verschwinden, wie verschmolzen mit der Glut der blendenden Kuppel.

Die Eltern meines Vaters, meine Großeltern väterlicherseits, und die Eltern meiner Mutter, meine Großeltern mütterlicherseits, verließen Anfang des vorigen Jahrhunderts ihre Heimat, um ins Ruhrgebiet zu ziehen, wo sie die eigenen Prägungen an die kaum vorhandene Gastgeberkultur zu amalgamieren versuchten und überlebensfähige Nachkommen zeugten, die sich unter erfundenen, die östliche Herkunft verleugnenden Nachnamen erfolgreich assimilieren konnten. Mein Vater entschied sich bei der standesamtlich beglaubigten Umbenennung für ein Kompositum aus den Nachnamen der deutschen Top Two unseres Bücherschranks, die überdies denselben Vornamen trugen wie er, Heinich Heine und Heinrich Mann, und deren Schriften, ob mein Vater es wusste oder nicht, habe ich nie erfahren, im Abstand von rund hundert Jahren indiziert worden sind. Die kartonierten Ausgaben ihrer Werke, die ich bei einem Preisausschreiben des Buchklubs gewonnen hatte, dessen Mitglied mein Vater war, nahm ich an mich, als ich begann, an der traditionslosen Hochschule meiner Heimatstadt Germanistik zu studieren, was meinen Vater wiederholt und noch Jahre später, als ich mich bereits mit einer Dissertation über »Anmaßung und Chaos im Werk K.s« befasste und eine umfangreiche, rasch zunehmenden Büchersammlung besaß, zu der Bemerkung veranlasste, meine Bibliothek bestünde hauptsächlich aus seiner Bibliothek. Tatsächlich waren in seinem Bücherschrank nach meinem Raubzug Lücken entstanden, in denen die Taschenbücher aus der zweiten Reihe aufblitzten, »Lolita« und »Fanny Hill«, die ich heimlich nachts gelesen hatte und die sich weder durch Buchklub-Bestseller schließen ließen noch durch die unberührten Reader's Digest-Hefte oder durch das signalrote Bertelsmann-Volkslexikon, zu dem mein Vater im Verlauf jeder Diskussion mehrfach griff – wenn man die Auseinandersetzungen mit ihm als Diskussionen bezeichnen darf, denn eigentlich waren es verbale Ringkämpfe, bei denen der Gegner, also ich, am Ende unterlag –, um nachzuweisen, dass er im Recht war, im Recht, im Recht!

Mein Vater hatte unseren Nachnamen, Heine-Mann, beim Amt mit Bindestrich eintragen lassen, auf den ich verzichte, weil ich nicht für eine der modisch-emanzipierten Ehefrauen gehalten werden will, die ihren Geburts- vom Ehenamen per Bindestrich absetzen, der auf mich eher wie ein Trennungsstrich wirkt, wie ein Substraktionszeichen. Überdies änderte ich eines Tages meinen Vornamen, der ebenfalls ein Kompositum war, Ella, eine Verbindung von »el« und »la«, was im Spanischen »der« und »die« bedeutet, wobei ich auf das weibliche »la« verzichtete, nur die erste Silbe beibehielt, »El«, die in der semitischen Poesie den göttlichen Schöpfer benennt und sie mit dem Diminutivsuffix »ke« verband, so dass mein Vorname, Elke, nicht zu verwechseln ist mit dem friesischen Vornamen Elke, der eine Kurzform des deutschen Vornamens Adelheid ist. Möglicherweise wurde mein Vater bei der Suche nach einem Namen für sein zukünftiges Kind durch diverse Sprachstudien beeinflusst, die er, ambitioniert, aber von niedriger Herkunft und daher um Bildung in autodidaktischer Manier bemüht, zum Zeitpunkt meiner Geburt betrieb, zumal er das Geschlecht seines zukünftigen Kindes nicht kannte, und bei meiner Geburt war nicht er anwesend, sondern meine komatöse Mutter, deren Vorname, Elisabeth, meinen Vater ebenfalls bei der Suche nach einem Namen für sein zukünftiges Kind angeregt haben könnte, wobei anzumerken wäre, dass meine Mutter Elli genannt wurde, wie eine der Schwestern des Dichters K., aber auch wie die Mutter meiner Mutter, die Elli genannt wurde, weil sie Elisabeth hieß, und wie die Mutter meines Vaters, die Elli genannt wurde, weil sie Elisabeth hieß, wie alle Mütter und Großmütter und Urgroßmütter in der Familie meines Vaters und in der Familie meiner Mutter, die alle Elli genannt wurden, weil sie Elisabeth hießen. Vielleicht war es aber auch eine lösungsorientierte Drehung des Zauberwürfels, die meinen Vater bei der Suche nach einem Namen für sein zukünftiges Kind angeregt hatte, und nach meiner Geburt mag mein Vater zudem in der Verwirrung, die der Anblick der vielen Neugeborenen in der Säuglingsstation des Krankenhauses bei ihm auslöste, gedacht haben, die sehen ja alle gleich aus, wie, sagten Sie gleich, soll das Kind heißen?, fragte die freundliche Säuglingsschwester, die Verwirrung meines Vaters wahrnehmend, alle gleich, sagte mein verwirrter Vater und schüttelte den Kopf. »Alle« gleich umgedreht »Ella«, sagte die freundliche Säuglingsschwester, nickte mit dem Kopf und tupfte behutsam mit einem gebügelten blütenweißen Taschentuch die heißen Wangen meines Vaters ab, der ebenfalls mit dem Kopf zu nicken begann wie einer der künstlichen Hunde, die man manchmal auf den Hutablagen der Autos sieht, ein hübscher Name!

Meine Mutter starb am Tag meiner Geburt, ihre Asche wurde über dem Meer verteilt, das Licht der Welt erlosch, das Schwarz des Himmels floss aus meinen Poren, inmitten der Dunkelheit, hoch über dem schweigenden Nichts, kroch ich über ein zitterndes Seil, das keinen Anfang hatte und kein Ende. Schenkt mir eine Puppe!, schrie ich. Ich will eine Mutterpuppe! Die, die man mir brachte, gefiel mir sofort, denn man hatte ihr die Totenmaske meiner Mutter aufs Gesicht geklebt, das Paar geflochtener schwarzer Zöpfe an ihrem Kopf befestigt, sie trug das rotgeblümte Kittelschürzenkleid, das ich sehr mochte, und lächelte das ewige Lächeln der Puppen, der Toten, der Meister aus dem Osten. Die Puppe nahm mich in den Arm, Seite an Seite lagen wir da, es wechselte das Licht mit der Dunkelheit, Menschen kamen, wir bemerkten es nur, weil sie uns Tränenwasser gaben, da es hieß, wir könnten weinen, aber niemand hat uns je weinen gesehen, wir lagen nur da, hielten uns aneinander fest und atmeten flach, eine Ewigkeit lang. Mit der Zeit wurde ich meiner Mutter ähnlich, ich wuchs, ich wurde größer als sie, mein Haar fiel in langen schwarzen Flechten über die Schultern, die Porzellanaugen glänzten, wenn ich der Puppe das Gedicht nachsprach, das sie kannte.

Ich änderte meinen Vornamen, als ich feststellte, dass meine Puppe ihr Aussehen änderte. Es geschah aber zu der Zeit, zu der mein Vater mich das Wort lehrte, das die Puppe nicht kannte, Vater unser, Dein Wille geschehe, denn Du wünschst, dass wir lesen lernen und schreiben, dass wir sprechen lernen, dass wir lernen, Ich zu sagen, ohne Ich zu meinen, ich meine, ohne mich zu meinen, denn im Anfang war das Ich, und das Ich war das Wort, und das Wort war beim Vater, und der Vater war das Wort, das der Vater uns lehrte, Dein ist das Ich, und ich soll kein Ich neben Dir haben, denn Dein ist die Macht, mir das Ich zu geben und es mir wieder zu nehmen, in Ewigkeit, Amen. Dieser Stil entspricht mir nicht, mich verdrängt eine menschengroße Gliederpuppe mit Fäden an den beweglichen Lippen, Vater unser, der Du an den Lippenfäden ziehst, Vater unser, der Du das Wort in das Puppenhirn injizierst, ein Lautsprecher überträgt das Wort in den Außenraum, man hört eine Stimme, die tiefer ist als meine, ich aber trage die Totenmaske der Dichterin, auf meiner Brust ist ihr Porträt tätowiert, aus dem Geflecht meiner Erinnerungen tritt sie schattengleich hervor, Spruchbänder flattern aus ihrem blutigen Mund, geschliffene Sätze, aus Sprache gedrechselt, nach endlichen Umdrehungen für untauglich befunden und für unvermeidlich zugleich, das bin Ich, möchte die Dichterin sagen, wenn sie Ich sagen könnte, aber ein Ich, das sich anmaßt, ein Gedicht zu sein, wird vom Vater vernichtet, wird vom Vater im Ofen verbrannt.

Mein Vater befasste sich selbst mit der Aufgabe, mich zu alphabetisieren, und zwar vermittels des Gebets, das ich nicht vergessen durfte, bei dem ich mich nicht versprechen durfte, da kannte er keinen Spaß, da gibt es kein Vergessen, da gibt es kein Versprechen, schrie er. Wenn du nicht schneller liest, sagte mein Vater, und fehlerfreier, dann schneide ich dir die Zunge ab. Und so las ich, so schnell ich konnte, Vater unser, Dein ist das Wort, und das Wort ist das Ich, und Dein ist das Ich, in Ewigkeit, Amen. Volksmärchen durfte ich nicht lesen, Volksmärchen hielt mein Vater für Endprodukte unkultivierten Aberglaubens, die zu notieren eine dieser vielen kuriosen Ideen der deutschen Romantiker gewesen wäre, die tatsächlich, so mein Vater, wie Goethe geschrieben hätte, krank gewesen sein müssten, und zwar im Kopf, wie er, mein Vater, vermute. Also las ich keine Volksmärchen, sondern ich las Kunstmärchen, ich las das Kunstmärchen, in dem eine nymphenhafte Heldin ihre Zunge verkauft, ihre Stimme verkauft, weil sie ein Mensch werden will wie der Mann, den sie liebt, denn die Heldin, die ihre Stimme verkauft, um ein Mensch zu werden, hofft, dass der Mann, den sie liebt, sie ebenfalls lieben wird, wenn sie ihm gleicht, daher verkauft sie ihre Stimme, um dem Mann, den sie liebt, zu gleichen, damit er sie liebt, aber am Ende liebt der Mann nicht die Heldin, die ihm gleichen will, und die Heldin, die ihre Stimme verkauft hatte, weil sie dem Mann, den sie liebte, gleichen wollte, weil sie ein Mensch werden wollte wie der Mann, den sie liebte, stirbt, nein, sie stirbt nicht, sie verwandelt sich in einen Engel, nein, sie verwandelt sich in einen Schmetterling, der wie ein Schatten davonfliegt, der eines Tages der Sonne zu nahe kommen könnte, der, wenn er der Sonne eines Tages zu nahe gekommen wäre, verbrennen könnte, nichts bliebe von ihm übrig als eine Rauchfahne, die wie ein Schatten davonflöge. Wenn du nicht schneller liest, hatte der Vater gesagt, und fehlerfreier, dann schneide ich dir die Zunge ab, dann verbrenne ich dich im Ofen, bis von dir nichts übrig bleibt als eine Rauchfahne, die wie ein Schatten davonfliegt. Da las ich schneller, ich las immer schneller, ich las so schnell ich konnte das Kunstmärchen, in dem eine Figur von ihrem Schatten überlistet wird, der ihr am Ende nicht mehr gleicht, denn der Schatten sieht am Ende ganz anders und viel besser aus als die Figur, deren Schatten er selbst ist, und der Schatten lässt am Ende die Figur, deren Schatten er selbst ist, sterben, die Figur, die schon viel weniger als sie selbst ist und noch viel weniger als der Schatten, der sich sein Leben lang vergnügt, und der sich immer noch vergnügt, wenn er nicht gestorben ist, wenn er nicht verbrannt worden ist, wenn er nicht davongeflogen ist, fertig!

Zu dieser Zeit bemerkte ich also, dass sich meine Puppe veränderte, sie trug eine Arno-Schmidt-Brille, ihr Gesicht lief rot an, sie drückte gebügelte blütenweiße Taschentücher gegen ihre heißen Wangen, auch nahm ich wahr, dass sie in dem signalroten Lexikon las, dass sie an dem Zauberwürfel drehte, dass sie betete mit einer Stimme, die ein tosender Waldbrand war, und als ich in den Spiegel schaute, war ich wie sie. Ob man eine Puppe ist, die ein Mädchen hat, das eine Puppe ist, oder eine Puppe hat, die ein Mädchen ist, das eine Puppe hat, ist in bestimmten Situationen dasselbe. Nachdem ich meinen Namen geändert hatte, ergriff ich die Hand meiner Puppe und trat gemeinsam mit ihr vor den Spiegel. Wir sahen einen Spiegel, der einen Spiegel zeigte, wir sahen eine Puppe, die eine Puppe gebar, und dann sahen wir zwei Schmetterlinge auf der Flucht voreinander, wir sahen zwei Schatten, die einander verfolgten, wir sahen ein gesichtsloses Paar, zwei menschengroße Gliederpuppen mit Fäden an den beweglichen Lippen, an denen man ziehen konnte, wenn man wollte, so dass es aussah, als ob die Puppen miteinander sprächen, aber man hörte keinen Laut. Uns sahen wir nicht im Spiegel, aber vor dem Spiegel schauten wir einander an, und als wir einander nicht erkannten, tauschten wir unsere Köpfe, in die sich die Stimme des Vaters unablässig entlud.

Als ich also begann, einen Brief an den Vater zu schreiben wie der Dichter K., in dem ich nicht nur den Vater, sondern auch die Tochter erfinden wollte, es sollten also in meinem Brief an den Vater sowohl der Vater als auch die Tochter erfundene Figuren sein, die Ähnlichkeit mit wirklichen Personen haben sollten, als ich also begann, einen Brief an den Vater zu schreiben wie K., stellte ich fest, dass ich keinen Brief an den Vater schreiben konnte wie K., weil ich nicht dichten konnte, weil ein Ich, das sich anmaßte, ein Gedicht zu sein, vom Vater vernichtet, vom Vater im Ofen verbrannt worden war. Du sollst kein Ich neben mir haben!, hatte der Vater gerufen, der mir das Ich gegeben hatte und es mir wieder nehmen konnte, gerade so, wie es ihm beliebte. Du sollst kein Ich neben mir haben!, hatte der Vater gerufen, der nicht dichtete, aber vorgab, alles über Dichtung zu wissen wie ein bedeutender Germanist oder sogar mehr als alle bedeutenden und unbedeutenden Germanisten, die wir manchmal im Fernsehen betrachteten, der Vater und ich, wenn sie beispielsweise bei einem Dichterwettstreit im Fernsehen Dichtung analysierten und attackierten, wie der Vater, der vor dem Fernseher saß und mitmachte, der es sich mit seiner Fernbedienung in seinem Chefsessel vor dem Fernseher bequem gemacht hatte, der sah, wie die Lyrikexpertin Lippen und Textstellen blutrot anstrich, wie der Realismuskritiker Beine übereinander- und Bücher verwarf, wie der psychologisch-philosophisch geprägte Neuphilologe mit zitternder Hand das Lesepult freigab, auf dem eine Karaffe stand, gefüllt mit zitterndem Wasser für die dürstenden Dichter.

Auf tritt im Fernsehen zunächst eine ältere Dichterin, die als gelehrte und geehrte Dichterin gilt, so dass alle bedeutenden und unbedeutenden Germanisten schweigen, und die Dichterin schweigt auch, es ist ein tiefes und anhaltendes Schweigen, so dass man meinen könnte, es ginge bei diesem Dichterwettstreit im Fernsehen nicht ums Schreiben, sondern ums Schweigen, aber dann bricht die Dichterin das Schweigen, ohne dass sie spricht, sie nickt wissend mit dem Kopf wie einer der schon erwähnten künstlichen Hunde, woraufhin alle bedeutenden und unbedeutenden Germanisten wissend mit den Köpfen nicken wie die künstlichen Hunde, die man manchmal auf den Hutablagen der Autos sieht, ja, das ist wirklich wunderbar! Auf tritt im Fernsehen alsdann, mitten im Abtrittsapplaus für die ältere Dichterin, ein jüngerer Dichter, der auch vor der Kamera sehr authentisch wirkt, der nichts zu sagen hat und nichts zu schreiben und es auch nicht tut, der formal reduziert ist und inhaltsleer und sich am besten verkauft als Bestseller, wenn er wissend mit dem Kopf nickt, woraufhin alle bedeutenden und unbedeutenden Germanisten wissend mit den Köpfen nicken wie die schon erwähnten Hunde, ja, das ist wirklich wunderbar! Auf tritt im Fernsehen alsdann, mitten im Abtrittsapplaus für den jüngeren Dichter, wie herausgeschnitten aus einem anderen Geschehen, eine menschengroße Gliederpuppe, das bin Ich, möchte ich sie sagen lassen, als von ihr selbst angenommene Dichterin könnte sie alles beschreiben, was sie sieht, auch sich selbst, und zwar in der dritten Person Plural, um glaubwürdig zu wirken, zitiert sie alle und sich selbst auf der Suche nach einer Protagonistin, die, so stellt sie es sich vor, ein Gedicht namens Ich sein möchte, das bin Ich, möchte sie die Protagonistin sagen lassen, sie möchte sie es wiederholt sagen lassen, wie sie vieles, was sie sagen möchte, wiederholt sagen möchte, aber da schüttelt der Vater im Chefsessel vor dem Fernseher den Kopf, aber da hebt der Vater im Chefsessel vor dem Fernseher abwehrend die Fernbedienung in den Fernsehhimmel, aber da schütteln alle bedeutenden und unbedeutenden Germanisten die Köpfe, nein, das ist gar nicht wunderbar! Ab tritt am Ende des Dichterwettstreits im Fernsehen ohne Abtrittsapplaus eine menschengroße Gliederpuppe, zerrissene Fäden an den beweglichen Lippen, sie hat ihre Zunge, ihre Stimme verloren, nun sitzt sie vor dem Fernseher zur Rechten des Vaters, der richtet die lebenden Dichter und die toten.

Du sollst kein Ich neben mir haben!, hatte der Vater gerufen, der mir das Ich wieder nehmen wollte, das er mir gegeben hatte, erst mir das Ich geben, dann mir das Ich wieder nehmen, Vater unser, der sich klonen lassen muss im nächsten Leben, weil er einem Ich, das sich anmaßt, ein Gedicht zu sein, kein nächstes Leben geben wird im nächsten Leben. Aber dann starb mein Vater eines Tages, und ich beschloss, keinen Brief mehr an meinen Vater schreiben zu wollen wie der Dichter K., vielmehr beschloss ich, einen Brief an meinen Geliebten schreiben zu wollen, der Ähnlichkeit mit meinem Vater hatte, der aber, im Unterschied zu meinem Vater, Germanistik studiert hatte wie K. und ich. Aber mein Geliebter hatte sich, genau wie mein Vater, sehr bald über alle bedeutenden und unbedeutenden Germanisten erhoben, indem er die Dichtung, die er las, gleichsetzte mit der Dichtung, die er verfasst hätte haben können, hätte er nur gedichtet, was er nicht tat und nicht tun konnte, aber wenn ich gesagt hätte, dass er nicht dichtete und nicht dichten konnte, hätte er mir das Ich genommen, das mir der Vater gegeben hatte, das mir der Vater wieder hatte nehmen wollen, obwohl ich versucht hatte, wie er zu sein, oder vielmehr hatte ich versucht, so zu sein, wie ich dachte, dass er dachte, wie ich sein sollte, und später wollte ich wie mein Geliebter sein, oder vielmehr versuchte ich so zu sein, wie ich dachte, dass er dachte, wie ich sein sollte. Aus diesem

Grund hatte ich übrigens beschlossen, Germanistik zu studieren wie der Dichter K.

Du, schreib doch mal einen Roman!

Du, schreib doch mal einen Roman! Einen klugen, atemberaubenden, überwältigenden, herausragenden, hinreißenden, großartigen, faszinierenden, meisterlichen Roman! Du brauchst dafür eine drastische Geschichte, vielleicht aus dem Leben eines berühmten Menschen oder aus deinem eigenen Leben oder aus dem Leben eines nahen Verwandten, aus dem Leben deiner Mutter, deines Vaters, egal ob tot oder lebendig. Eine krasse Story, die so oder ähnlich geschehen ist oder geschehen sein könnte. In Schlesien während des Zweiten Weltkriegs. Auf einer Insel im Hoheitsgebiet der DDR. In einer Berliner Altenwohngemeinschaft. Es geht um Flucht und Fronterlebnisse, Alkoholexzesse und Sex, Alzheimer und Krebs. Und immer ein wenig um die Liebe. Dein Buch soll vor allem jene packen, die sich nicht beruflich mit Hochliteratur befassen, die keine kostenlosen Rezensionsexemplare von deinem Verlag bekommen, die mit ihrer Kaufkraft dein Leben finanzieren können.

Punkte mit einem Stoff, der zu Tränen der Freude und des Schmerzes rührt. Quäle Kritik und Leserschaft nicht mit innovativen Erzählperspektiven und riskanten Schreibweisen. Setze auf einfache Dialoge und bildhafte Beschreibungen, verzichte auf bedeutungsvolle Aussagen und tiefsinnige Belehrungen. Erzähle auf eine Weise, die an einen Spielfilm erinnert, den alle kennen könnten. Allerdings solltest du den Spielfilm, den du aus Recherchegründen ansiehst, nicht nacherzählen; falls du ihn dennoch nacherzählen solltest, dann weise darauf hin, dass dein Protagonist die Erinnerung an das eigene Leben mit der Erinnerung an einen Spielfilm verwechselt. So bleibt die Geschichte die Geschichte eines Menschen, die so oder so ähnlich geschehen ist oder geschehen sein könnte, selbst wenn sie zum Teil auf den Erfindungen eines Spielfilms beruht. Es ist eine authentische Geschichte. Oder eine Geschichte, die wie eine authentische Geschichte wirkt. Das ist wichtig.

Du schreibst keine Trivialliteratur, aber du bist nicht weit davon entfernt. Dein Roman ist allgemeinverständlich und doch umweht ihn ein Hauch von Kunst, so dass die Literaturkritik ihn nicht als Historienschinken oder seichte Schnulze klassifiziert, sondern als ein Werk des magischen, romantischen, phantastischen oder drastischen Neorealismus, das sich einfacher auf einer halben Zeitungsseite nacherzählen lässt als aleatorische Lyrik. Nur einen einzigen Rezensenten stört, dass deine Sprache immer wieder ins Klischee umschlägt, du die Frage nach Schuld und Sühne nicht stellst, den von dir gewählten Stil nicht reflektierst. Alle übrigen begeistert, dass du das Geschehen gewissenhaft recherchiert und überragend gestaltet hast. Sinnlich! Empathisch! Erschütternd! ist dein Text nach Ansicht der Berufskritiker, die auf binnenliterarisches Bewertungsvokabular komplett verzichten und im Allzumenschlichen schwelgen. Denn nicht die sachliche Analyse, sondern die Marktgängigkeit einer Meinung ist gefragt, das subjektive Geschmacksurteil, die vulgärpsychologische Auslassung über Romanfiguren, die mit echten Menschen verwechselt werden. Warum sich mit Komposition, Erzählhaltung, Personalstil plagen? Viel einfacher ist es, die Handlung wiederzugeben, als ginge es um einen Sachtext über das Leben, wie wir es alle kennen – zumindest aus dem Fernsehen. Mit deinem Werk ist nicht nur dir, sondern auch jenen Kulturjournalisten gedient, die durch eine Rezension im überregionalen Feuilleton oder eine Laudatio vor laufender Kamera die Aufmerksamkeit des Publikums auf sich lenken. Denn die Kritiker wachsen mit dir mit: Je bekannter die Autoren, desto bekannter die Rezensenten und umgekehrt.

Dein Roman teilt sich den kargen Platz im Literaturteil mit ein paar anderen Büchern, die unbedingt besprochen werden müssen, weil sie vielleicht Kasse machen könnten. Die Diktatur des Marktes reicht von den Verlagen über Agenten, Kritiker, Juroren, Buchläden und Online-Shops bis in die Literaturinstitute, wo man die poetischen Aspiranten dazu ermutigt, gefällige Romane hervorzubringen. Die Hobby-Kritiker des Internets, die ansonsten gern Nahrungsergänzungsmittel, Trekkingschuhe oder Vintage-Möbel testen, befassen sich ebenfalls mit deinem Roman. Sie lachen und leiden mit den Protagonisten, anstatt sich im kritischen Diskurs einzuüben. Längst hat der »Gefällt-mir«-Button das überlegte Argument verdrängt. Du solltest dich daher nicht wundern, wenn auf dein Buch, Manns »Zauberberg« und »50 Shades of Grey« eine ähnliche Verteilung von Sternen und eine vergleichbare Anzahl von Kundenbewertungen entfallen.

Diese Literaturreklame erhält im doppelten Wortsinn die Literatur, die sie verdient. Dein Roman ist spannend und unterhaltsam, berührend und beglückend. Er muss nicht mehrfach gelesen werden, sondern mehrheitlich. Literatur ist keine »minoritäre Angelegenheit«, wie Enzensberger sie sich wünschte, nichts für Bewohner des Elfenbeinturms, zu denen Handke sich zählte. Bedeutungslos ist heute Bourdieus Feststellung, die Avantgarde entziehe sich der Vermarktung, um künstlerisch autonom zu bleiben, wobei ihre Autonomie zugleich Voraussetzung für den wirtschaftlichen Erfolg sei. Denn Avantgarden, die für sich mit Expertenhilfe nach und nach ein breiteres Publikum gewinnen, setzen sich nicht mehr fort, wenn Expertenwissen nicht gefragt ist oder völlig fehlt.

Gedruckt wird vielmehr, was vielen gefallen und somit gekauft werden könnte. Was du schreibst, liegt seit den neunziger Jahren im Trend: Literatur light, die bequem rezipierbar und gut kommerzialisierbar ist. Denn auf die positive Kundenbewertung kommt es an! Dein Buch ist in einem renommierten Literaturverlag erschienen und steht seit Wochen auf diversen Bestsellerlisten. Du inszenierst dich wie ein Filmstar, bedienst alle Social-Media-Kanäle, postest und mailst Tag und Nacht, chattest, skypst und twitterst mit deinen Fans, die dein Buch gar nicht gelesen haben müssen und vielleicht auch gar nicht gelesen haben und möglicherweise nie lesen werden. Du hast nun einen festen Platz in der Eventkultur, spielst deine Rolle im Literaturhaus, in der Schule, im Fernsehen. Du bist wie wir alle und zugleich so, wie wir alle gern wären. Du erhältst den Deutschen Buchpreis, der dir internationale Anerkennung und wirtschaftlichen Erfolg garantiert. Dein Aufstieg hilft dir sicher über das gelegentliche Unbehagen hinweg, zum Untergang der Hochliteratur beizutragen. Zu einem ernsthaften Konflikt sollte es ohnehin nicht kommen: Schreib doch lieber schnell noch so einen klugen, tiefen, atemberaubenden, überwältigenden, herausragenden, hinreißenden, großartigen, faszinierenden, meisterlichen Roman, du!

Berlin Blues

Berlin? Kopfschütteln, Daumen unten. Schreiben Sie doch mal über Bagdad!, ruft die Redakteurin ins Telefon. Ich lege grußlos auf. Über Bagdad schreiben und sterben. Berlin-Müdigkeit greift mit epidemischer Kraft um sich. Keine Geschichten mehr über die Metropole der Langeweile. Bagdad ist uns über. Aber auch Soltau, wie ich in einer E-Mail meines Freundes R. lese, der dort für ein paar Monate das Amt des Stadtschreibers übernimmt. Die Eingeborenen feiern ein endloses Schützenfest, schreibt er, und ich sitze mitten in der Pauke. Der Himmel über Berlin hingegen ist ruhig, in Schönefeld startet ein schwach besetztes Flugzeug, New York, einfache Strecke. Wer will da schon hin? Meine Freundin S. beispielsweise: zwei Monate poet in residence, Central Manhattan. Eine Stadt, sagt sie, über die man schreiben muss. Schmaler Kondenzstreifen auf hellblauem Grund. Out of Berlin. Berlin is out. So auch mein Nachbar T., der sein Stipendium in Rom wahrnimmt. Immerhin hat die Renovierung der Villa Massimo einst fast genauso lange gedauert wie die Instandsetzung des gesamten Berliner Ostens, wo ich die Luxusmiete für den sanierten Wohnungsbau bezahlen muss, während meine Freundinnen und Freunde in Türmen, Schlössern und Gehöften zwischen Otterndorf und L.A. die Vorteile deutscher Literaturförderung kennenlernen. Und die Nachteile. Endet doch mancher Arbeitsaufenthalt in einem Künstlerhaus, in dem man zu mehreren logieren muss, mit Leberschaden und Scheidungsklage. Möglich auch, dass die römische Sonne ein Karzinom in T.s stubenblasse Haut brennt. S. krepiert vielleicht bald an Milzbrand, während ein Tinitus R. in den Wahnsinn treibt. Ich schicke ihm ein Päckchen Ohropax, unverbrauchter Rest eines Andenkens an mein Stipendium im historischen Bahnwärterhaus der Stadt Esslingen am Neckar, das Tag und Nacht von Güterzügen, Interregios und ICEs erschüttert wird. Und besteige die S-Bahn, um nach Wannsee zu fahren, dem Berliner Parnass, Zwischenstation der alten Massimo-Fraktion mit Brinkmann und Born an der Spitze. Heute lädt das Literarische Colloquium ein zur Sonderveranstaltung »Sponsor gesucht!«. Anwesend sind ein paar Fördergremien, anwesend sind ein paar Autorinnen und Autoren. Wir denken nicht daran, erregt sich mein Kollege F., für ein Jahr in die Pampa zu ziehen oder in irgendein Krisengebiet! Ohne Kinderbetreuung, ohne Mietfortzahlung in Berlin! Kreuzberger Etagenklo statt Brandenburgischem Schlosshotel? kontern die Gremien. Wie Sie wollen, denn die meisten Literaturstipendien sind kommunale Arbeitsstipendien! Schweigen im Raum, Statistiken kreisen, insgeheim die Kalkulation: Wie viele Erstwohnsitze brauche ich im Bundesgebiet, um auf eine ausreichende Werkförderung pro Jahr zu kommen? Bewerben sich doch allein in Berlin jährlich mehr als 400 Autorinnen und Autoren um rund 20 Arbeitsstipendien, die zusammen knapp das Bruttojahresgehalt meiner Redakteurin ausmachen. Indessen fordert der Kollege F., einen »Goethe-Pool« einzurichten, ein Auffangbecken für Fördermittel jeder Art, anteilig auszahlbar an alle deutschen Schriftstellerinnen und Schriftsteller. Unbeeindruckt von der progressiven Idee verteilt man Ausschreibebedingungen für Literaturpreise und Anträge auf Reisekostenerstattung. Damit Sie mal sehen, wie es Ihren Kolleginnen und Kollegen anderenorts geht. Schlechter nämlich. Gute Nacht! In der S-Bahn gehe ich die Liste geförderter Reiseziele durch. Bagdad ist nicht dabei, aber Eckernförde und Edenkoben. Die Musiker steigen in Charlottenburg ein, Saxophon, Klarinette, Kontrabass. Einer singt. Schwarze Stimme. Berlin Blues. Wie sag' ich's meiner Redakteurin?

Trennmüll. Proteste.

blau, sehr viel blau
und gelb, sehr viel gelb
braun und dunkelgrün
weiss und grün und braun
schwarz mit zitrusgelbem deckel
schwarz mit hellgrünem deckel
schwarz mit knallrotem deckel

In meiner Familie war Müllentsorgung Männersache. ER stopfte Laub und Grasabschnitte in schwarze Plastiksäcke und Papier und Pappe in blaue Plastiksäcke, die in einem Spezialkeller lagerten, bis sie auf dunkle Weise verschwanden. Manchmal kippte ER Flüssigkeiten in den Kanalschacht des Hofes. Und warf mehrmals wöchentlich Hausmüll in grüne Plastikmülltonnen, die in den Schwenktüren eines niedrigen Betongehäuses hingen, auf dessen Flachdach ich zum ersten Mal in meinem Leben von einem Jungen geküsst wurde – ein Einbruch in meine indianerhafte Kindheit, dem bald ein weiterer folgen sollte. 1968. Das Jahr der Proteste. Der Hausmüll ist gemischter Müll. Eine Kombination aus unverdauten Speiseresten, Haaren, Pflastern, Unaussprechlichem, pfandfreiem Glas, dem wenigen Plastik, das es schon gibt. Und meinen ältesten Teddies, wie der Entsorgungsexperte der Familie beschließt. Paulchen und Fritzchen sind Müll und ich muss mich trennen. Das Erlebnis hat dramatische Auswirkungen auf mein Bindungsverhalten.

Heute herrscht in Deutschland ein kompliziertes Trennmüllsystem vor, das kurz nach der Wende ausgeklügelt wurde. Ich lebte damals in Paris, wo kein Mensch über Mülltrennungsverfahren nachdachte, alle Reste in einen dunklen, übel riechenden Schacht fielen, der sich im Treppenhaus hinter der Tür mit der Aufschrift »Vide Ordure« befand. In Berlin aber wurde zur selben Zeit rasch die braune Mini-Biomülltonne aus Plastik an alle Haushalte verteilt. In ihrem Boden ist ein Loch, winzig, wie eine Nadelspitze, damit der Kompost gut durchlüftet wird. Unter der Biomülltonne bildet sich daher bald ein morastiger Grund, ein idealer Nährboden für verschiedene Insektenarten und Schimmelpilzsorten. Irgendwann, in einer mondlosen Nacht, wirft man die Biomülltonne in den gelben Plastikmüllcontainer, der im Hinterhof zwischen den farblich differenzierten Glas-Entsorgungsstationen steht. Der Biomüll kommt von nun an in den Hausmüll, der heute Restmüll heißt, sich aber infolge verschiedener Verstöße gegen das Trennmüllsystem dem gemischten Müll meiner Kindheit angleicht.

Anders ist das Leben mit dem Abfall im Ländle. Das auffälligste Phänomen hier ist nicht der häufige Gebrauch des schwäbischen Diminutiv oder die hohe Anzahl von Ortsnamen mit der Endsilbe -ingen, die sich als überdauernde Reminiszenz an Abkömml-inge alemannischer Heerführer erweist. Ungewöhnlich erscheint der Reisenden vielmehr, dass die schwäbische Mülltonne, gleich welcher Größe, Farbe und Bestimmung, mit einem Vorhängeschloss gesichert ist. Man denkt an die sprichwörtliche Sparsamkeit der Schwaben. Welche Werte mögen sie auf diese Weise horten? Undenkbar, dass Trennmüll vor Diebstahl geschützt wird. Aber wie entsorgen die Leute ihren Abfall? Vielleicht werfen sie ihn, wie die Pariser, in stinkende Schächte, die ins glühende Zentrum der Erde führen, wo Müllschlacken Kontinentalverschiebungen hervorrufen.

Doch die Besucherin irrt. Die Schwaben halten ihren Müll unter Verschluss.

In dem historischen Bahnwärterhaus, das mir die Stadt Esslingen am Neckar für meine schriftstellerische Arbeit zur

Verfügung stellt, hängt eine Einweisung ins Trennmüllverfahren aus. Ich erhalte zudem einen Stapel gelber Säcke (Plastik), zwei Vorhängeschlösser (Bio & Rest) sowie einen Lageplan der lokalen Container (Flaschen & Papier). Bald fällt auf, dass ich die Joghurtbecher nicht ausspüle und Biomüll unter den Restmüll gebe. Ich nutze fortan die Gastronomie der Stadt, ich nehme zu, mein Leben wird gesünder und teurer. Ich produziere nur noch eine winzige Menge Restmüll und mache regelmäßig die Runde mit den Flaschen. Die Tageszeitung stapelt sich im Haus, daneben der poetische Ausschuss. Ob die Grünen irgendwann Berufsverbot für Dichter fordern? Wahrscheinlich waren es die Apologeten des antiken Schrifttums, und nicht – wie behauptet wird – die Erfinder des Schiffsbaus, die die mächtigen Wälder Hellas roden ließen.

Schriftstellerin, Umweltsau 1. Klasse mit Eichenlaub und Schwertern, auf der Suche nach den blauen Papier-Containern. Das Grünflächenamt jagt mit Laubsaugern einen neuen Sound durch die herbstlichen Parks, über der Stadt liegt lichtgelber Schimmer: Tausende von Plastikmüllsäcken, in dichten Trauben angeordnet, leuchten zwischen mittelalterlichen Pfleghöfen und Parkhäusern des Betonzeitalters. Jetzt erschließt sich der Fremden die Bedeutung des hiesigen Mülltonnentresors. Wie sonst hätte man die unzählbaren, ausgewaschenen Joghurtbecher für diese künstlerische Installation sichern können? Schon Heinrich Heine bemerkte den eigensinnigen Kunstwillen des Volkes, als es zur Bauzeit der Pariser Markthallen die vom Hauptfriedhof in die Katakomben umgebetteten Skelette zu eleganten, mit herz- und kreuzförmig angeordneten Schädeln ornamentierten Rotonden aufschichtete. Ein Umgang mit Lebensresten, der die ästhetischen Intentionen der Bürger zweier Städte und Nationen über zwei Jahrhunderte hinweg miteinander verschweißt.

Nur kontrastiert kein Papiercontainer die Megapräsenz des gelben Sacks. Blaue Tonnen vor den Häusern ihrer Besitzer. Die Passantin erwägt einen Einbruchversuch. Doch dann lenkt sie, verdrossen und müde, ihre Schritte stadtauswärts an den Neckarstrand. Und wird Zeugin eines Verstoßes gegen das Trennmüllsystem, der unvergleichbar ist mit den täglichen Vergehen, die sie aus der Hauptstadt kennt. Am Fuß einer Holzbank, neben die man vor vielleicht fünf Jahrzehnten einen harmlosen Allroundmüllbehälter aufgestellt hat, steht, halb von einer Plastiktüte bedeckt, eine gebrauchte Kaffeemaschine. Kein Mensch ist zu sehen, im Fluss kämpft ein Erpel gegen die Strömung. Da, die Idee, schimmernd wie ein Plastiksack! Schon sehe ich mich mit Zeitungen und Prosa-Abfall zum Saum des Neckars schleichen. Der Erpel, zäh auf seine Sache konzentriert, beachtet mich nicht.

Behäbige Mundart stört die Vision, sie zerfließt im braunen Wasser, der Erpel ist nicht mehr zu sehen. Die einheimischen Spaziergänger ignorieren die Kaffeemaschine, der Hund markiert sie, ein kurzes, interesseloses Geschäft. Da beschließt die Autorin, die Erstentwürfe ihrer Texte ins Zeitungspapier einzuschlagen und mit einer Widmung an die Stadt Esslingen zu versehen: Se non è vero, è ben trovato. Das Paket geht ans Marbacher Literaturarchiv, wo die Arbeitsplätze künftiger Literarhistoriker zu sichern sind.

Irritierend ist und bleibt, dass ich den ersten Liebesverzicht und den ersten Liebesbeweis meines eigenständigen Lebens im Zeichen der Mülltonne erfuhr. Fehler beim Starten des Programms.

Nachmittag einer Dichterin

Die Dichterin sitzt und spitzt Stifte und Ohren, allzeit bereit, der Stimme ihres Hirns zu folgen, dessen dunkle Gänge (so stellt sie sich das vor) zu allerhöchsten Höhen führen, wo ihr Flehen um Ideen erhört werden mag von jenem Geist, der sie nicht verlassen soll. (Doch nur sie selbst, bemerkt ein nicht zufällig hier anwesender Kreativitätsforscher, sieht man in traumdurchtoster Nacht durch das finstere Gefängnis ihres Schädels irren wie durch einen romantischen Schauerroman.) Die Dichterin weiß davon nichts, sie weiß nur, dass sie nichts wissen soll, will und kann über das, was sich in ihrem verstiegenen Oberstübchen abspielt, nicht bei Tag und nicht bei Nacht. Ein neurologischer Defekt (sagt der Kreativitätsforscher), der »Dichtung« heißt, weil hier mit der Urkraft des Sisyphos versucht wird, zu dichten, was sich nicht dichten lässt, die Kindheitswunde nämlich, die die Dichterin von allem und allen anderen trennt, von den biederen, für Zeugung, Wartung und Pflege kunstproduzierender Personen denkbar ungeeigneten Mittelschichteltern selbstredend, von der omnipotenten und -präsenten Mama (schon blickt man von der Galerie auf sie herab, wie sie im Zirkusrund die Peitsche schwingt), vom schwachsinnigen Papa (Logorrhoeiker von Geburt, dessen Sprachmanie sich in pausen- und sinnlosem Geschwätz manifestiert) und last but not least von sich selbst. (Und der Geist, wo bleibt der Geist? mag man sich fragen, doch vergeblich, denn er hat sich aufgegeben, heißt es.) Ganz willkürlich vollzieht sich die Dichtung (sagt der Kreativitätsforscher) ohne den Willen der Dichterin, der genauso unfrei ist wie die Gedanken, die sie unfreiwillig kopiert. Könnte ich doch, denkt die Dichterin, Sätze voll Pathos und Melancholie empfangen wie jener Schriftsteller, der den Nachmittag eines Schriftstellers beschreibt. (Man stelle sich stattdessen als Titel »Nachmittag einer Dichterin« vor, der, so stellt sich die Dichterin vor, einen Beitrag in einer Damenzeitschrift überschreiben könnte, in der man das Arbeitszimmer (habitare) der aus Anlass des Artikels schlicht-elegant eingekleideten Autorin (PRADA) vierfarbig präsentiert, ihre zahme Sprechdohle Inge Borg und last but not least den hurtigen Mops Marzel. Auch könnte es ein Kapitel in einem verschollenen Roman der Droste sein, grübelt die Dichterin weiter, in dem ein durch gotische Fensterbögen schießender Sonnenpfeil den Geruch des Siegellacks jenes auf dem Kirschholzsekretär liegenden Briefes atomisiert, der unvermeidlich zu Missverständnissen führen wird und somit zu weiteren Romankapiteln – schön, schön war die Zeit...) Wenn der Schriftsteller also an einem Nachmittag seine Prosa nicht nur mit dem zuckenden Schatten eines Vogels zu beleben versteht, sondern auch mit Hundegebell, den Geräuschen von Motorsägen und Lastkraftwagen, Schreien und Pfiffen aus Schul- und Kasernenhöfen, kurz, mit Dissonanzen des Alltags, die alle anderen Menschen nach Ansicht der Dichterin allmählich und gründlich in den Wahnsinn treiben können, dann mag er sich zu Recht demütig vor dem Blatt verneigen, bevor er seinen Weg durch das Leben außerhalb der Kunst aufnimmt. Die Dichterin ringt derweil innerhalb der Kunst um jedes klang- und/oder sinnstiftende Wort, das dem Leben Schönheit und/oder Bedeutung geben könnte, um sich alsdann mit zum Gebet verschlungenen Fingern dem Blatt zu Füßen zu werfen. Und während der Schriftsteller mit dem Leben und der Kunst Frieden schließt, der örtlichen Kapelle eine Glocke stiftet und vor sich selbst erbebt, ohne dass jemand auch nur ein wenig Selbstironie von ihm forderte, schreibt die Dichterin flugs Postkarten an einen unvermeidlich unerbittlichen Geliebten, der leider kein idealer, sondern ein bestsellerverwöhnter Leser ist und damit viel zu alltäglich für Musenküsse. Die Form erlaubt ihr, ich zu schreiben und ich zu meinen, obwohl sie sonst dazu neigt, ich zu schreiben, ohne ich zu meinen, während der Schriftsteller sein zögerliches, generell zum Abbrechen im Leben und in der Kunst neigendes Wesen zwar nicht »Ich als Schriftsteller« nennen möchte, es aber immerhin »Schriftsteller als ich« nennen kann und dies auch ohne zu zögern oder abzubrechen tut. Soviel für heute über den kleinen Unterschied zwischen Leben und Kunst, Frau und Mann, Dichterin und Schriftsteller. Oder dürfen es vielleicht doch ein paar Zeilen mehr sein? Dann werfen wir noch einen Blick in die Karten, die die Dichterin an den unvermeidlich unerbittlichen Geliebten schreibt, den sie mit Wucht in das Ohnmachtsmuster ihrer Kindheit presst, indem sie ihn ohne sein Wissen, Zutun oder Bestreben auf den elterlichen Thron hebt, ein Supermann als Super-Ego, dem sie ihren Körper und ihre Kunst zum Opfer bringen will. Ein schönes Haus möchte sie für ihn aus den Karten bauen, ein Einehehäuschen, das er mit Leichtigkeit zerstören wird. Doch unerfüllte Leidenschaft erfüllt die Dichterin mit großer Schaffenskraft. Eifrig sucht sie nach einer Sprache der Liebe, um Hoch- statt Missachtung zu erzielen. Muss sie doch (so erläutert der Kreativitätsforscher) ihr Dasein schwarz auf weiß unter Druck beweisen, und zwar sowohl dem unvermeidlich unerbittlichen Geliebten als auch den literarischen Moden, Märkten, Meinungsmachern und Machthabern, den biederen, für Zeugung, Wartung und Pflege kunstproduzierender Personen denkbar ungeeigneten Mittelschichteltern und last but not least sich selbst, selbst wenn sie nicht weiß, wer sie selbst ist. Wer bin ich? fragt die Dichterin ihr Spiegelbild. Aber ihr Spiegelbild antwortet nicht. Erkenne dich selbst! sagt die Dichterin zu ihrem Spiegelbild. Selbsterkenntnis ist der erste Schritt zur Erkenntnis, so wie Selbstgemachtes der erste Schritt zur Macht ist.

Deshalb will die Dichterin machen, was sie noch nicht gemacht hat. Einen Roman, zum Beispiel, etwas Eingemachtes, das man zu allen Jahreszeiten im Haus hat, eine Buchstabensuppe, die sie umso mehr begehrt, ist sie wieder aufgewärmt. Von Krieg und Frieden ist die Rede, von Schuld und Sühne wie in allen Romanen in der Geschichte des Romans. Die Dichterin erfährt dabei die ferne Lenkung durch das Wort, die übrigens auch dem Schriftsteller bekannt ist. Kaum wagt sie es, das Blatt mit Zeichen zu bedecken, wenn eine Stimme von außen auf sie einzureden scheint, obwohl sie laut und deutlich in ihrem Innenhirn ertönt. Nicht die Dichterin ist es, die spricht, aber sie ist es, die schweigt, wenn der unvermeidlich unerbittliche Geliebte, der leider kein idealer, sondern ein bestsellerverwöhnter Leser ist, die literarischen Moden, Märkte, Meinungsmacher und Machthaber und last but not least die biederen, für Zeugung, Wartung und Pflege kunstproduzierender Personen denkbar ungeeigneten Mittelschichteltern sie mit Schmutz bewerfen, der ihr von nun an, wie nach einem bösen Fluch, statt Sprache aus dem Mund zu quellen scheint. Verloren sind die Wörter, verlassen ist sie von ihrem Geist und von allen guten Geistern sowie von den biederen, für Zeugung, Wartung und Pflege kunstproduzierender Personen denkbar ungeeigneten Mittelschichteltern, vergessen wird sie vom unvermeidlich unerbittlichen Geliebten, den literarischen Moden, Märkten, Meinungsmachern und Machthabern und last but not least von sich selbst. Ihr Leben könnte nun so enden wie berühmte Romane beginnen, aber da zwängt sich die always tückische deutsche Sprache erneut zwischen Leben und Kunst, zwischen Kunst und Dichterin und last but not least zwischen Leben und Dichterin und fordert von ihr einen neuen Anfang vom Ende her.

Mensch. Mann. Autor. Wichtig.

Der wichtige Mann sitzt mittig an dem Tisch, der inmitten der Bibliothek des lokalen Literaturhauses steht. Er schwitzt, er trinkt, er schreibt, er legt ein Buch nach dem anderen auf den Stapel. Kein Tropfen Schweiß, kein Tropfen Wein darf auf eines dieser wichtigen Bücher fallen. Er muss sich konzentrieren, er braucht Ruhe. Er hat all diese wichtigen Bücher selbst geschrieben. Nun signiert er all diese wichtigen Bücher selbst. Menschen sitzen im Garten des lokalen Literaturhauses, sie warten auf ihn. Diese Menschen, wie so oft Männer, sind wichtig. Auch er ist wichtig, auch er ist ein Mann. Er ist einer wie sie und doch ganz anders, denn er ist ein wichtiger Autor. Er ist faszinierend. So empfinden es die wichtigen Menschen. Und auch die unwichtigen Menschen empfinden es so.

Ein unwichtiger Mensch, wie so oft eine Frau, hat ihm all diese wichtigen Bücher auf seiner Lesereise nachgetragen, von weither ist sie angereist mit seinen wichtigen Büchern, die nun für die wichtigen Menschen im Garten des lokalen Literaturhauses bestimmt sind. Er hat seine wichtigen Bücher für diese wichtigen Menschen bestimmt. Die unwichtige Frau sollte die wichtigen Bücher Menschen verkaufen, egal, ob wichtig oder unwichtig. Aber kein Mensch, egal, ob wichtig oder unwichtig, kaufte eines der wichtigen Bücher. So wird er jetzt den wichtigen Menschen seine wichtigen Bücher schenken. Signiert. Handwarm. Das ist faszinierend. Ein geschenktes und signiertes wichtiges Buch aus seiner Hand ist sehr wichtig. Ein erworbenes wichtiges Buch ohne Signatur kann es damit nicht aufnehmen. Obwohl es auch wichtig ist, natürlich, aber ein wenig weniger wichtig.

Andere unwichtige Menschen, wie so oft Frauen, sitzen mit Abstand um ihn herum und sehen zu, wie er schwitzt, trinkt, schreibt. Er ist faszinierend. Das können sie deutlich sehen. Er macht es deutlich. Und sie machen es deutlich, indem sie mit Abstand um ihn herumsitzen und zusehen, wie er schwitzt, trinkt, schreibt. Bevor er die Bibliothek des lokalen Literaturhauses betrat, um zu schwitzen, zu trinken, zu schreiben und faszinierend zu sein, hatten die unwichtigen Frauen hier Unwichtiges recherchiert. Er wolle sie nicht davon abhalten, natürlich nicht, hatte er versichert, er brauche nur ein wenig Ruhe, er müsse sich konzentrieren. Er räusperte sich, trank ein Glas kühlen Weißweins aus der mitgebrachten Flasche, die einen hässlichen Abdruck auf der hölzernen Platte des antiken Tisches hinterlassen sollte, an dem er Platz nahm. Dann begann er damit, zu schwitzen, zu trinken, zu schreiben und faszinierend zu sein.

Nun aber betritt eine weitere unwichtige Frau die Bibliothek des lokalen Literaturhauses. Es ist seine eigene Frau. Sie findet ihn wichtig und faszinierend, und sie sorgt dafür, dass auch andere Menschen, egal, ob wichtig oder unwichtig, ihn ebenfalls wichtig und faszinierend finden. Er brauche Ruhe, er müsse sich konzentrieren, erklärt seine unwichtige Frau den anderen unwichtigen Frauen. Er räuspert sich, trinkt, schwitzt, schreibt, schweigt. Die anderen unwichtigen Frauen senken den Blick, fort von dem wichtigen Autor und hin zu den eigenen unwichtigen Füßen in den silbrigen Sandaletten. Es ist Sommer. Auch der wichtige Autor verzichtet auf Strümpfe. Das sehen die unwichtigen Frauen, die nun verlegen den Boden nach anderen Füßen absuchen und prompt auf die wichtigen Füße des wichtigen Autors stoßen. Er trägt Gesundheitssandalen, es könnten auch Trekking- oder Wandersandalen sein, es sind Schuhe mit rustikalen Leder- oder Kunstlederriemen, die sich mehrfach über dem Rist des wichtigen Autorenfußes kreuzen, und kantige Zehen mit stumpfen Nägeln freigeben. Ein Reporter hat diese teilentblößten Füße in einem Porträt des wichtigen Autors erwähnt, das in einer wichtigen überregionalen Zeitung erschienen ist. Er ist bis in die Füße hinein wichtig und faszinierend. Nicht nur der Kopf – darauf käme bei einem Autor ja jeder recht schnell –, nein, auch die Füße! Die unwichtigen Frauen in der Bibliothek des lokalen Literaturhauses konzentrieren sich auf die eigenen unwichtigen Füße. Der Lack blättert hier und da ein wenig von den Nägeln ab, aber diese Nägel sind nicht wichtig, sie werden in keinem Zeitungsartikel erwähnt, weder regional noch überregional.

Es ist Sommer, und man hört nun, wie die wichtigen Menschen im Garten des lokalen Literaturhauses einen weiteren unwichtigen Menschen, wie so oft eine Frau, beauftragen, den wichtigen Autor zu ihnen zu bitten. Hopphopphopp. Die wichtigen Menschen zählen bis drei. Bei zwei steht diese unwichtige Frau in der Bibliothek des lokalen Literaturhauses und richtet die Grüße der wichtigen Männer aus dem Garten aus. Der wichtige Autor legt gerade das letzte wichtige Buch auf den Stapel. Er räuspert sich, er schwitzt, er trinkt rasch das letzte Glas aus der nun nicht mehr ganz so kühlen Flasche, er muss sich auf den antiken Tisch stützen, als er sich erhebt, ein wenig schwankend steht er nun da auf den wichtigen Füßen in den rustikalen Sandalen. Die unwichtigen Frauen, die bisher mit Abstand um den wichtigen Autor herumgesessen haben, stehen ebenfalls auf. Eine von ihnen greift sich den Stapel der wichtigen Bücher, eine andere geleitet den wichtigen Autor zu der Tür der Bibliothek, die in den Garten des lokalen Literaturhauses führt, eine dritte kündigt den wichtigen Menschen dort an, dass nun endlich der lang erwartete wichtige Autor kommt, hier, bitte sehr!

Die wichtigen Menschen im Garten des lokalen Literaturhauses begrüßen den wichtigen Autor mit Applaus und Weißwein aus gekühlten Flaschen. Ein Hoch! Eine unwichtige Frau übergibt den wichtigen Männern die wichtigen Bücher. Handwarm. Ein Geschenk. Selbst geschrieben und selbst signiert von dem wichtigen Autor in ihrer Runde an dieser reservierten Tafel, an der keine unwichtigen Menschen Platz nehmen dürfen. Dieser Abend, das weiß der wichtige Autor schon jetzt, wird ein wichtiger Abend werden.

Versuch über William Beckford

1

Social distancing, ein Schlagwort der Covid-19-Pandemie, lässt nicht von ungefähr an einen Mann denken, der 1760 in England geboren wurde und den größten Teil seines Lebens Abstand zu anderen gehalten hat. William Thomas Beckford, Schriftsteller, Baumeister, Komponist, Objektdesigner, Kunstsammler und Mäzen, im Brotberuf Millionenerbe, war ein Exzentriker, im Wortsinn ein »Sonderling«, wie der durch das britische Königreich tourende Exzentriker Hermann Graf von Pückler-Muskau 1828 zu berichten weiß: »eine Art Lord Byron in Prosa, der das prachtvollste Schloss in England baute, seinen Park aber mit zwölf Fuß hohen Mauern umgeben ließ und ebenso viele Jahre lang niemand den Eintritt darin verstattete. Nun, dieser Mann verauktionierte plötzlich jenes Wunderhaus, Fonthill Abbey (dessen großer Turm, an dem man die Nächte durch bei Fackelschein gemauert, bald darauf einfiel), mit allem, was darin war (Die Auktion dauerte mehrere Monate, und nie sah man bei ähnlicher Gelegenheit eine reichere Sammlung der kostbarsten und geschmackvollsten Seltenheiten), und zog nach Bath, wo er ebenso einsam lebt. In der Nähe der Stadt hat er abermals einen sonderbaren Turm, mitten im Felde, gebaut, dem als Dach eine genaue Kopie des diminutiv Tempels in Athen, den man die Laterne des Diogenes nennt (Denkmal des Lysikrates), aufgesetzt ist.«

2

Fast zweihundert Jahre später steht vor diesem Turm ein schwarzer Mann mit einem Fernsehteam der BBC. Der Brite Robert Beckford, Filmemacher, TV-Moderator, Theologe und Aktivist, stammt von Menschen ab, die William

Beckford einst besaß. 1356 afrikanische Sklaven, 718 Männer und 638 Frauen, in die britische Kolonie Jamaika verschleppt und mit Peitschenhieben auf 18 Zuckerrohrplantagen zur Zwangsarbeit angetrieben, ermöglichten es dem absentee planter, in Europa fürstlich zu leben und wenig anderes zu tun, als »Melodien zu komponieren, Türme zu bauen, Gärten zu gestalten, altes japanisches Porzellan zu sammeln und Reisen nach China oder zum Mond zu beschreiben«. Der Name Beckford ist heute in Jamaika weit verbreitet: Die Sklaven hießen wie ihr Herr, sein Initial war in ihren Oberarmen eingebrannt.

Nicht nur Sklaven, sondern auch Sklavenhalter waren unter seinen Ahnen, behauptet Robert Beckford, weiße Beckfords eben, schwerreiche Parvenüs, von der britischen Aristokratie verachtet und gefürchtet. Um soziales Prestige bemüht, investieren sie in England in Luxusimmobilien, Kunst, Bildung und Politik. Vergeblich hofft William Beckford auf ein Adelsprädikat und erfindet für sich eine Genealogie, in die er alle Barone der Magna Carta aufnimmt. Tatsächlich aber weist sein Stammbaum mütterlicherseits auf unbedeutende schottische Aristokraten zurück und väterlicherseits auf skrupellose Haudegen, die seit dem 17. Jahrhundert mit freundlicher Unterstützung der Krone in der Karibik Zuckerproduktion, Sklaverei und Menschenhandel betreiben. So akkumuliert sich das größte bürgerliche Vermögen Englands, das der zehnjährige William Beckford nach dem Tod des Vaters erbt. William Beckford der Ältere, auf Jamaika geboren und vom Adel als »Rumford Sugarcane« verspottet, hatte sich in London als mächtiger Politiker etablieren können. 1929 benennt man im Stadtbezirk Camden eine Grundschule nach ihm. 2020 teilt die Bezirksverwaltung mit, die Schule erhalte auf Anregung der Bewegung »Black Lives Matter« einen anderen Namen. 2021 hindert die britische Regierung den Rat der Londoner City daran, die überlebensgroße Statue des älteren William Beckford aus der Guildhall zu räumen, da es darum gehe, »unser Erbe zu bewahren und zu erklären, nicht zu entfernen«.

Erklärungen für das Erbe des jüngeren William Beckford, das im Tower-Museum von Bath ausgestellt ist, sucht Robert Beckford im Auftrag der BBC. Er fragt sich, welche Art von Mann wohl täglich einen solchen Turm besteigt, um sich seiner Kunstsammlung zu erfreuen, die sorgsam abgestimmt ist auf Design und Dekoration des prächtigen Gebäudes. Die Antwort lautet: ein Mann, der in einer Phantasiewelt lebt.

3

Eine Kindheit im goldenen Käfig begünstigte William Beckfords Neigung zum Tagtraum. Auf Fonthill, dem Landsitz der Familie im Südwesten Englands, wächst er als einziger Sohn einer allgegenwärtigen, tiefreligiösen Mutter auf. Er erhält Unterricht von Hauslehrern, Musikern und Künstlern, unter ihnen angeblich Mozart und nachweislich Alexander Cozens, der eine neue, auf expressionistische, surrealistische und tachistische Verfahren vorausweisende Maltechnik entwickelt hat. Der Tutor ermutigt seinen Zögling, durch zielloses Klecksen auf Papier abstrakte Strukturen zu produzieren, die dazu anregen, konkrete Formen zu erfinden und auszumalen. Eine avantgardistische Methode, die unbewusste und bewusste Prozesse stimuliert. Alexander Cozens, beeinflusst von Claude Lorrains Ideallandschaften, gelingt es, vermittels stimmungsvoller Effekte die englische Aquarellmalerei zu revolutionieren. Seinen Schüler inspiriert er zu der empfindsamen Reisebriefsammlung »Dreams, Waking Thoughts and Incidents«: William Beckford, beeinflusst von Alexander Cozens Phantasielandschaften, gelingt es vermittels stimmungsvoller Effekte, die englische Reiseliteratur zu revolutionieren. Die »Blot«-, also Klecks-

Technik des Lehrers, dargelegt in einer reich illustrierten Monographie, motiviert ihn zu einer »visionären Art zu schauen«, die zum ästhetischen Prinzip der literarischen Reisebriefe werden soll. »Oftmals hangt mir ein Schleier vor den Augen«, schreibt William Beckford, »durch welchen ich die Dinge so undeutlich und verschwommen sehe, dass deren Farben wie auch Formen mich gerne täuschen.«

Das Material seiner Literatur findet er auf diversen Reisen. Im Jahr 1780 etwa schließt er seine Erziehung zum Gentleman mit einer ersten Grand Tour auf dem Kontinent ab. Unter anderem geht es nach Venedig, wo er die wichtigsten Impulse für sein Leben, für sein Werk erhält. Der Aufenthalt ist ein Schwellenerlebnis, eine Initiation. Der englische Millionenerbe überlässt sich dem hedonistischen Lebensstil einer kosmopolitischen Upper class: Er ignoriert moralische Normen und soziale Verpflichtungen, frönt erotischen Obsessionen und orientalischen Phantasien und beschließt, gegen das vernunftbestimmte Leben in Amt und Würden zu rebellieren, das für ihn vorgesehen ist.

4

Venedig, das seine Stellung als mediterrane Supermacht längst verloren hat, erfindet sich im 18. Jahrhundert neu. Mit dem Tourismus entsteht ein Wirtschaftsfaktor, der die Stadt über lange Zeit trägt, heute jedoch zu ihrem Kollaps führt. Die Wiederentdeckung der Antike löst im Europa der Aufklärung eine Sehnsucht nach Italien aus. Zehntausende vermögender Touristen, dazu Künstlerinnen und Künstler aller Sparten, Alchimisten, Okkultisten, Libertins, Lustknaben und Kurtisanen, kommen in die Lagunenstadt, die wie die Kulisse einer Oper wirkt mit ihren spektakulären Festen und Feuerwerken, den ornamentalen Fassaden, labyrinthischen Gassen und schwimmenden Märkten, dem Gewirr von Gondeln, Booten, Barken und Passanten in erregend geheimnisvollen Masken und Kostümen, in kostbaren orientalischen Gewändern und in der prächtigsten Kleidung, die der Westen jemals hervorgebracht hat.

Dem jungen Reisenden aus England ist die Wasserstadt eine Bühne, auf der er sich bewegt »wie ein Schauspieler in einer klassischen griechischen Tragödie«. An der Seite seiner kongenialen Cicerone, der freisinnigen Gräfin Rosenberg Orsini, einer Freundin Casanovas, trifft er reiche Müßiggänger, berühmte Sängerinnen und Kastraten sowie einen Jüngling aus uraltem Patriziergeschlecht, in den er sich verliebt. Mit seiner Entourage unternimmt er Bootsfahrten zu kleinen Inseln, die ihn an die Wunderlandschaften fernöstlicher Märchen denken lassen. Auch erkundet er die venezianische Architektur, die Kuppeln und Türme, die Stilmischung aus Orient und Okzident. Und er verliert sich immer wieder in einen weltabgewandten melancholischen Zustand, der den Wachtraum begünstigt und somit zur Grundstimmung der Reisebriefe wird. Unter der Seufzerbrücke denkt er an die Verurteilten, die hier in den Kerker oder in den Tod gehen. Er besinnt sich auf seine Zeichenkunst, versetzt die Schreckensvision mit einer bedeutungsvollen kulturellen Reminiszenz: »Ich konnte nicht ruhig essen, so lebhaft arbeitete meine Einbildungskraft; also griff ich nach meinem Bleistift und zeichnete Abgründe, unterirdische Höhlen, das Reich der Angst und der Qual, mit Ketten, Rädern und fürchterlichen Folterwerkzeugen im Stil von Piranesi.«

5

Die »Carceri d'invenzione«, eine Reihe berühmter Radierungen aus der Hand des gebürtigen Venezianers Giovanni Battista Piranesi, zeigen in wechselnder Perspektive ein monumentales, unendlich wirkendes Kerkerlabyrinth voller Übergänge, Tore, Brücken und Treppen, durch das winzige

Menschen irren. Das ist die emblematische Alptraumarchitektur der englischen Schauerliteratur, die Horace Walpole, Erbauer des neugotischen Schlösschens Strawberry Hill, mit seinem holzschnittartigen, auf stereotype Figuren und groteske Effekte setzenden Roman »The Castle of Otranto« 1764 begründet hat. Nicht zufällig schildert William Beckford den Dogenpalast in der Dämmerung – seinem persönlichen Sinnbild für den Wechsel vom Wachzustand zum Traum – wie eines der von Piranesi erfundenen Gefängnisse: »Die Portale, die sonderbaren Vorsprünge, kurz, die auffallende Unregelmäßigkeit dieser imposanten Massen entzückten mich mehr, als ich sagen kann, und ich bedauerte, sie so früh verlassen zu müssen, zumal das Zwielicht, das Eulen und Fledermäuse nicht mehr lieben können als ich, jeden Portikus erweiterte, jeden Säulengang verlängerte und die Dimensionen des Ganzen so vergrößerte, wie die Phantasie es verlangte.«

Beschrieben wird ein erhabenes, von mächtigen Säulengängen und Portiken dominiertes Gebäude, das Begeisterung, Entrückung und Sinnestäuschung hervorruft, eine Architektur der Übergänge und Schwellen, kurz, ein sogenannter liminaler Raum. Liminalität, als ästhetisches Konzept mit Blick auf die Kategorie des Erhabenen theoretisch erforscht und praktisch angewandt auf die Raumgestaltung von Survival-Horror-Computerspielen, ist dem Ursprung nach die anthropologische Bezeichnung für Schwellenphasen, in denen Menschen von ihrem bisherigen Zustand gelöst, aber noch nicht mit ihrem zukünftigen Zustand identifiziert sind – so beispielsweise während der Adoleszenz. Differenziert wird zwischen zwangsläufigen und freiwilligen liminalen Phänomenen wie der Entscheidung, zeitlebens adoleszent zu bleiben. Eine Entscheidung, die William Beckford nach seinem Aufenthalt in Venedig trifft: Er will kein Staatsmann werden wie der Vater, sondern in einem selbsterfundenen Märchen leben. »Man gebe mir nur einen sicheren Rückzugsort für mich und jene, die ich liebe«, notiert er am 1. Oktober 1780, »man umgebe mich mit undurchdringlichen Wäldern und halte die Welt von mir fern: Man halte Minister von mir fern, Generäle, Senatoren, Sportler, Höflinge, Pedanten und Sektierer.«

Im Jahr darauf ist er volljährig und darf über sein Leben, sein Vermögen selbst bestimmen. Zu Weihnachten 1781 entwirft er für das vom Vater geerbte Schloss Fonthill Splendens eine überwältigende Raumdekoration, die inspiriert ist durch Piranesis Phantasiekerker und die Paläste aus »Tausendundeiner Nacht«. Nach dem Fest im engsten Kreis schreibt er sich wie im Rausch mit seinem orientalischen Roman »Vathek« in die Literaturgeschichte ein: Der so benannte faustische Kalif, der von der Spitze seines himmelhohen Turms vergeblich nach den Sternen greift, wird zu ewigen Wanderungen durch die endlosen Verliese der Hölle verdammt. War Vathek auf Erden Sklavenhalter, so ist er nun Sklave des gefallenen Engels. Die Metapher bedeutet, dass der Kalif unter innerer existentieller Not leidet, von der es keine Erlösung gibt. Darin gleicht er Figuren, die Kafka und Beckett im 20. Jahrhundert erschaffen haben. Denn das literarische Inferno ist das ausweglose Labyrinth der Seele, ein Sinnbild des Unbewussten, das für tiefe Ängste, verborgene Triebe und Orientierungslosigkeit steht. Vatheks Minarett wiederum wirft seinen Schatten voraus auf Gebäude, die Beckford errichten wird. Übrig ist davon heute nur der Turm in Bath. »Ein phantastisches Bauwerk«, sagt Robert Beckford im Film der BBC, »aber wenn man verschweigt, woher das Geld dafür stammte, erzählt man nicht die ganze Geschichte.«

6

Die ganze Geschichte ist ein Mix aus Dichtung und Wahrheit: Bekannt ist, dass William Beckford nie auf Jamaika war und die Plantagen samt Sklaven Verwaltern überließ, die ihn um einen Teil seines Vermögens brachten. Den Rest gab er selbst mit vollen Händen aus, indem er auf allen Wegen wertvolle Gemälde, Inkunabeln, Porzellan, Tafelsilber und kostbare Möbel kaufte. Trotz einer harmonischen, auf Wunsch der Mutter geschlossenen Ehe wird er der Homosexualität überführt, auf die Pranger und Tod stehen. Für eineinhalb Jahrzehnte verlässt er 1785 England, kurz darauf stirbt seine Frau bei der Geburt des zweiten Kindes. 1787 macht er sich auf Wunsch der Mutter allein auf den Weg in die Karibik, bricht aber die Reise in Portugal ab.

»Eine meiner neuen Besitzungen auf Jamaika brachte mir letztes Jahr 7000 Pfund mehr ein als sonst«, frohlockt er 1790. »Also werde ich reich und will Türme bauen.« Ein wenig später bittet er James Wyatt, Englands berühmtesten Architekten, eine profane neugotische Abtei mit einem 90 Meter hohen Turm auf seinem Landsitz Fonthill zu errichten. Ab 1799 lebt er wieder dort und reagiert auf die gesellschaftliche Ächtung, indem er die Gesellschaft ächtet. Er verbirgt sich hinter hohen Mauern, umgibt sich nur mit ein paar Günstlingen, den Hunden und dem Personal. Als 1807 der Handel mit afrikanischen Sklaven verboten wird, kann er das vermessenste Projekt der englischen Neugotik nicht mehr finanzieren. Spontan veräußert er die Kunstsammlung des Vaters, um den megalomanen Bau fertigzustellen. Gleichwohl muss er Fonthill Abbey 1822 verkaufen. Knapp zwei Jahre später bricht der Hauptturm ein und erschlägt das restliche Gebäude. Da aber plant William Beckford gerade die Errichtung seines neuen Turms oberhalb von Bath. Pückler, der dort 1828 vergeblich um Einlass ersucht, kolportiert den lokalen Klatsch: »Man erzählte mir von ihm, dass er sich nur sehr selten sehen lasse, wenn er aber ausreite, geschehe es folgendermaßen: Ein eisgrauer Haushofmeister reite voran. Zwei Reitknechte mit langen Hetzpeitschen hinter ihm. Dann folgt er selbst, von fünf bis sechs Hunden umgeben. Den Schluss machen wiederum zwei Reitknechte, mit Peitschen versehen.«

1833 hebt das britische Parlament die Sklaverei in weiten Teilen des Kolonialreichs auf. Aber nicht Sklaven, sondern Sklavenhalter werden großzügig entschädigt. Großbritannien bediente dafür bis 2015 Kredite und erließ im selben Jahr ein Gesetz zur Bekämpfung moderner Sklaverei. Heute erforschen Historiker, Soziologen und Psychotraumatologen die Spätschäden von Zwangsmigration, Demütigung und Misshandlung, die Millionen Menschen weltweit erleiden und erlitten haben, unter ihnen die Beckford-Sklaven auf Jamaika. Ihr Enkel Robert Beckford hat ihnen seinen BBC-Film gewidmet. Ihr Herr William Beckford ist bis zu seinem Tod im Jahr 1844 der Kunst nahe, den Menschen aber fern geblieben.

Liebesverdachtsgeschichte

Eine Geschichte, die mit einem Wolkenbruch beginnt und unter wolkenlosem Himmel endet, kann keine Liebesgeschichte sein, auch dann nicht, wenn sie es von sich behauptet, es handelt sich vielmehr um eine Liebesverdachtsgeschichte, in der zuerst die Frau den Mann der Liebe verdächtigt, doch am Ende fällt der Liebesverdacht auf sie selbst, obwohl sie ihn mit keinem Liebesgefühl bekräftigen kann, so dass sie sich fragt, wie der Liebesverdacht eigentlich hatte aufkommen können. Über Wolken müsse er nachdenken, hatte er bei ihrer ersten Begegnung gesagt, es schien, als wäre sie angeschwemmt worden, von einem fernen Ufer in die Ostsee gespült und in die Ausstellungsräume der Orangerie getrieben. An Undine dachte er sofort, nein, er hätte sofort an Undine denken können, was er tatsächlich dachte, als er die vom Regen durchnässte Fremde vor sich sah, ist nicht bekannt, er wurde nicht gefragt, die Zeit reichte nicht aus, als man ihn hätte fragen können, war die Geschichte bereits zu Ende und jede Frage hätte zu einer unverhältnismäßigen Verlängerung geführt, so, als gäbe es noch etwas zu erzählen, obwohl bereits alles gesagt war. Undine. Der Künstler könnte an Undine denken, vielleicht, weil ihn der Schlosspark, den man von der Orangerie aus sieht, an einen anderen Landschaftsgarten mit See erinnert, der Fouqué dazu anregte, über Undine zu schreiben. Aber der Herr des Anwesens, zu dem die Orangerie gehört, in der Undine und der Künstler sich jetzt gegenüberstehen, war kein Dichter, sondern ein aufgeklärter Aristokrat, er trieb die Reformen voran, die zum Untergang seines Standes führen sollten, und so gibt es in diesem Park schon lange kein Schloss mehr, erhalten sind nur der Marstall und die Orangerie, in der der Mann, von dem hier erzählt wird, seine Kunst zeigt. Über

Wolken müsse er nachdenken, sagt er, und sie spricht über einen englischen Maler des 18. Jahrhunderts, der eine Gefühlssymbolik des Wetters erfand, Wolkenformationen malte und ihnen unterschiedliche Empfindungen zuschrieb. Ihr Haar, ihre Kleidung, alles feucht, ein Freund, der ihr für ein paar Tage eine Wohnung auf der Insel zur Verfügung stellt, hat ihr geraten, den Kurzzug zum Schlosspark zu nehmen, die Ausstellung zu besuchen, den Künstler anzusprechen. Seine Augen, denkt sie, aber dann denkt sie, dass seine Augen sie an die Augen des Mannes erinnern, an den sie sich ein paar Jahre lang geklammert hatte wie ein verstörtes Insekt, das ein Holzstückchen mit einem Partner verwechselt, es immer wieder umfasst in vergeblicher Liebesbereitschaft. Und so sieht sie sich den Künstler nun genauer an, er gleicht dem anderen Mann kaum, untersetzte Figur, ganz in Schwarz gekleidet, schmale Brille, das halblange weiße Haar locker zurückgekämmt, der Dreitagebart schimmert silbern. Während sie ihn betrachtet, erzählt er ihr von seinem Leben auf der Insel, lange vor der Wende war er aus der Hauptstadt der DDR gekommen, hatte eine Einheimische geheiratet, die Dorfschöne, sagt er, wie er sie umworben hatte, wird er ihr bei einem zweiten Treffen erzählen, das sie ihm gerade vorschlägt, sie weiß, dass er sich nicht um sie bemühen wird wie um die Dorfschöne, denn sie macht es den Männern leicht, das ist ihre Art, Undinenart, die Männer kommen und gehen, sie stellt ihnen keine Aufgabe, erfindet kein Hindernis, leistet keinen Widerstand. Auch diesem Mann macht sie es leicht, mit wiegenden Schritten geht sie zur Treppe, die zu den oberen Ausstellungsräumen führt. Auf dem Weg zum Bahnhof sagt er, dass er in diesen Tagen seine Stasi-Akte in der Kreisstadt einsehen wolle, er habe es bis jetzt nicht gewagt, am Himmel schwere dunkle Wolken, zwischen die sich hier und da ein gleißender Sonnenstrahl schiebt. Drei Kataloge über seine Arbeit hat er ihr geschenkt, er überragt sie nur um wenige Zentimeter, als sie Seite an Seite auf dem Bahngleis stehen, es ist, als wären sie schon seit vielen Jahren ein Paar. Das zweite Treffen ist vereinbart, sie wird mit dem Bus von der Küste zu ihm ins Innere der Insel fahren, er küsst sie zum Abschied auf beide Wangen, heftig, so dass sie erschrickt. In der Galerie war das Gespräch an keiner Stelle ins Stocken geraten, nicht, als es um Kunst und Literatur ging, nicht, als es um die Erfahrungen ging, die sie direkt nach dem Fall der Mauer gemacht hatten, er auf der Ostsee-Insel, sie in Berlin, kurz nach der Wende war sie in den Ostteil der Stadt gezogen, neugierig auf die Kunstszene, in der sie Freunde gefunden hat, die auch Freunde des Künstlers sind. Aber immer, wenn sie ihn ansieht, spürt sie die Vertrautheit nicht mehr, die sie noch ein paar Minuten zuvor wahrzunehmen geglaubt hatte, es ist, als wäre sie mit einem anderen Mann zusammen gewesen. Als er sie zwei Tage später von der zentralen Bushaltestelle seines Heimatortes abholt, fällt es ihr schwer, ihn wiederzuerkennen, es ist warm, Cumuluswolken umrahmen die tief stehende Herbstsonne, er führt sie zu einem Café, Aquarelle, die die Küste mit ihren charakteristischen Felsen zeigen, hängen an den Wänden, meine Arbeiten, sagt er, und nun erzählt er von seiner Heirat, von der Tochter, von der Scheidung, er wollte auf der Insel bleiben, dem Exil für Künstler, die nicht systemkonform waren, die Frau aber zog mit dem Kind nach Berlin. Irgendwann kommt ja wieder jemand, sagt er, sie hat ruhig zugehört, aber nun, da sie aufblickt, erschrickt sie wieder, weil sie bemerkt, dass er für sie ein Fremder ist, sie hatte es vergessen, während er ihr von seinem Leben erzählte. Er wolle ihr seine Wohnung zeigen, sagt er, und sie fragt sich, ob sie nun miteinander schlafen würden, ob sie bei ihm bleiben würde über Nacht, um ihn am nächsten Tag in die Kreisstadt zu begleiten, wie er es ihr auf dem Weg zum Café vorgeschlagen hat: Könnte sie an seiner Seite sein, wenn er seine Stasi-Akte einsieht, wenn er liest, wie sein anderes Leben gewesen sein soll, wie andere sein anderes Leben wiedergegeben haben? Vielleicht ließe sich daraus ein literarisches Projekt entwickeln, sagt er, eine Idee, die ihr gefällt. Aber die Behörden lassen keine Begleitung zu, das erfährt er jetzt durch ein Telefonat, sie werde vielleicht dennoch mitkommen, um die Stadt zu besichtigen, sagt sie, aber sie weiß, dass sie trotz seiner Zustimmung auf der Insel bleiben wird. Er lebt in einem musealen Panoptikum, denkt sie, kaum, dass sie in den beiden Räumen seiner Wohnung einen Sitzplatz findet, sie sind angefüllt mit Büchern, Gemälden, Zeichnungen, Objekten, Fundstücken, die er vom Strand mitbringt oder von Feldspaziergängen, jahrtausendealte Steinwerkzeuge liegen in seriellen Anordnungen auf Tischen und Regalen, ein Hammer, der Teil einer Sichel. Kurz darauf fahren sie in einem Auto, das nicht ihm gehört, über das er aber selbstverständlich verfügt, zu einer Druckerei. Während er sich mit dem Drucker bespricht, geht sie seine Kataloge durch, liest seine Widmung, sie hat ihm zwei ihrer Romane geschenkt, herzlich für ..., für ... herzlich. Als sie die Druckerei verlassen, schieben sich die Wolken ineinander, im frühen Abendlicht die Felder, violette Schattierungen, rasch nachdunkelnd. Nur kurz wolle er bei einem Künstlerfreund haltmachen, sagt er, er habe ihn um Rat gebeten wegen einer geplanten Ausstellung, und schon parkt er das Auto vor einer profanierten Kapelle, der Freund benenne sich nach einer Figur Heinrich Heines, nach welcher literarischen Figur würdest du dich benennen, fragt sie ihn, fragt sie sich selbst, ohne eine Antwort von ihm, von sich selbst zu erhalten. Und wieder ist es in dieser Geschichte so, als wären sie ein Paar, Undine & Hans, als sie Seite an Seite die Gemälde in der Kapelle betrachten, wir lassen es langsam angehen, sagt Hans, der nicht Hans heißt, aber in dieser Geschichte Hans heißen soll, sie trinkt ein Glas von dem Whisky, den er mitgebracht hat, glaubt, unter dem Stoff seiner schwarzen Jeans eine kräftige Wölbung wahrzunehmen. Ob sie mit ihm schlafen solle, wird sie seinen Freund am nächsten Tag während eines Telefonats fragen, und dann wird sie erzählen, dass sie einen langen Strandspaziergang plant, bis zum nächsten Badeort will sie gehen, allein, bist du in ihn verliebt, wird sie der Freund des Mannes fragen, der in dieser Geschichte Hans heißt, nein, wird sie erwidern, ich glaube nicht. Sie verlassen die Kapelle, wie sie gekommen sind, wie ein Paar, sie fahren im Auto über dunkle Landstraßen wie ein Paar, sie reden, sie schweigen wie ein Paar, dann hält er auf dem Parkplatz des Wohnkomplexes an, in dem sie untergebracht ist, ein sichelförmiger Mond steht am nachtschwarzen Himmel, er schaltet den Motor aus, auch die Scheinwerfer, soll ich ihn zu mir bitten, aber sie wehrt die Frage sofort ab, hört ihm weiter zu, er spricht über den kommenden Tag, über seine Gefühle, wenn er an seine Stasi-Akte denkt, welche Freunde, welche Frauen haben ihn verraten, welche Freunde, welche Frauen verdächtigt er. Schreib alles auf, sagt sie, so, als wäre ich dabei, sagt sie, wir können uns noch einmal treffen, sagt sie, und am nächsten, am übernächsten Tag denkt sie immer wieder an ihn, sie hat ihn zum Abschied mehrmals auf die Wangen geküsst, sie hat ihn nicht zu sich gebeten, nein, aber sie hat ihm ein weiteres Treffen vorgeschlagen, und nun, da sie nichts von ihm hört, obwohl er aus der Kreisstadt zurückgekehrt sein muss, ruft sie ihn an, sie bittet nicht um ein weiteres Treffen, sie fordert es ein, kaum, dass er ihr am Telefon erzählen kann, welche Freunde, welche Frauen ihn verraten haben, welche Freunde, welche Frauen er fälschlicherweise verdächtigt hat, heute Abend, sagt sie, zum Essen, oder morgen, übermorgen verlasse ich die Insel. Er verspricht, sie anzurufen, aber sie wissen beide, dass er es nicht tun wird. Ein paar Stunden später erreicht sie den kleinen Badeort, sie hat den geplanten Strandspaziergang unternommen, allein, als sie die Seebrücke betritt, erkennt sie Hans kaum wieder, wie er da Hand in Hand mit der Frau steht, über ihnen der Himmel, wolkenlos.

»Mehr Licht!«

»Mehr Licht!« soll er am Ende gerufen haben, und wie auf einer Bühne geht vor seinem Auge die Sonne auf, ein mächtiger Feuerball in »Rothgelb«, bevor sich Weißes Licht um ihn herum und in ihm ausbreitet, kein Gemisch von Spektralfarben, wie Newton es beschreibt, sondern eine Einheit, starrköpfig vertritt er seinen Irrtum bis zum Schluss und auch den Irrtum, seine Farbenlehre überträfe sein literarisches Werk. Aber vielleicht hat er gar nicht »Mehr Licht!« gerufen, denke ich, als ich wieder denken kann und will, der Arzt Carl Vogel hat es behauptet, Carl Vogel, der nicht im Raum war, als er starb, Carl Vogel, der geglaubt haben mag, dass jeder stirbt, wie er gelebt hat: Der Dichter ordert in emphatischer Gott-Vater-Haltung »Mehr Licht!«, auf dass es die Finsternis durchdringe, dem Menschen Zeichen göttlicher Nähe sei, Aberglaube durch Erkenntnis ablöse! Schon stoßen Bakterienschwärme ungehindert vor in die stille feuchte Dunkelheit seines Inneren und füllen seine Körperhöhlen mit Gasen, seine Zunge quillt auf, seine Haut wirft Blasen, Flüssigkeit rinnt aus seinem Mund, das Geflecht seiner Venen und Adern nimmt eine grünliche Färbung an, so dass er in Kürze wie ein Marmorbild wirken wird, das andere beschreiben sollen, sein Haar, seine Nägel, seine Sehnen erhalten sich länger als das übrige Gewebe, es bleibt das beinerne Gerüst und der Schädel, neben dem der Schädel eines Unbekannten liegt, den man für Schillers Schädel hält, so wie er den Schädel eines Unbekannten für Schillers Schädel gehalten hat, ein weiterer Irrtum, den er mit ins Grab nimmt. Vor der Beisetzung in der Weimarer Fürstengruft wird man ihm die Maske abnehmen, aber das Gesicht des Toten ist nicht das Gesicht des Lebenden, er ist ein Anderer geworden, sein Auge nicht mehr sonnenhaft, die Lichterscheinung in Rothgelb und Weiß, die er zuletzt erfasst haben mag, erinnert mich an etwas, als ich mich wieder an etwas erinnern will und kann, für einige ist es das Licht der Erkenntnis, der Weisheit, der Erleuchtung, für andere eine Reaktion des Hirns auf einen Alarmzustand, ein komplexer, durch religiöse Neigung, kulturelle Herkunft, Disposition zu Dissoziation, Depersonalisation und oneiroidem Erleben geprägter halluzinatorischer Prozess, ausgelöst durch körpereigene Botenstoffe, neuronale Eruptionen, Kohlendioxidanstieg, Reizungen des Schläfenlappens und des Hinterhauptlappens. Ich habe dieses Licht gesehen, schreibe ich, als ich wieder schreiben kann und will. Mehr nicht.

Augenblicke aus dem Leben des Entdeckers

Eine Erinnerung an den Schriftsteller Nicolas Born

Was entdeckt er zuletzt? Ein Gesicht? Welche Wörter braucht er, um es zu beschreiben? Er erinnert sich nicht. Namen fehlen ihm auch, und sein eigener? Born, Nicolas Born, »Mensch Born«, soll bald einer in einem Gedicht schreiben, Delius, Friedrich Christian Delius. Schriftsteller, wie er. Er wird es noch einmal versuchen. Er wird wieder Wörter finden wie früher. Wörter für den Tod, Wörter für das Sterben. Er muss sich nur an sie erinnern. Er wälzt sich auf dem Krankenbett hin und her und sucht die Wände nach richtigen Sätzen ab. Zunächst muss er den Ort bestimmen, zuletzt die Zeit. Und die handelnden Personen, allen voran – das ist das Schwierigste – sich selbst. Ohne Identität. Oder wie Günter Kunert ihn sieht. Schutzlos, niemals unbeteiligt. Einer, der zuviel zu genau erkannt hat. Er liegt da mit offenen Augen, obwohl ihn das Licht schmerzt.

Das Auge des Entdeckers sieht IHN, den Entdecker selbst (:dich und mich), als außengesteuertes Objekt des Tatsächlichen, aber auch als fremdartiges Wesen, das mit Hilfe von Träumen und Phantasien aufbricht in eine unbekannte Dimension des Lebens. Das hatte er geschrieben. Nachbemerkungen zum Gedichtband Das Auge des Entdeckers. Sein literarischer Durchbruch, Reinbek bei Hamburg, 1972. Und wo ist er jetzt? In einem Zug? Der Zug fährt durch das Ruhrgebiet. Es ist Nacht, im Abteil brennt die Neonröhre. Er betrachtet die unmodernen Schnürschuhe, die massive Gestalt mit den westfälischen Zügen in den spiegelnden Fenstern. Ein junger, breitschultriger Mann mit langsamen Gesten, die nicht erkennen lassen, dass er sich bald mit schnell steigernder Geschwindigkeit bewegen wird.

Auf dem Boden bleiben, ja, das fällt ihm schwer. Jetzt sitzt er neben ihr auf dem Balkon in Berlin-Friedenau. Vielleicht hält sie seine Hand in diesem Augenblick, er ist im Wendland, in seinem Haus in Breese, die Bilder stürzen ineinander, die Elbe fließt durch Rom, Beirut liegt in Amerika, Berlin ist im Ruhrgebiet ... die Orte, er versucht sich an sie zu erinnern. Er sieht Schemen, möglicherweise Menschen, schattenartig gruppiert, über ihm die grauen Gesichter. Ist es Abend? Oder Nacht? Oder Morgen? Unbestimmbare Zeit. *Der zweite Tag* hieß sein erstes Buch. Ein junger Mann, ein Skeptiker auf der Suche nach sich selbst, reist in einem Zug durch das Ruhrgebiet. Das war 1965. Heute ist der 7. Dezember 1979. Sollte ein weiterer Tag folgen, so wäre er wie der letzte oder doch ganz anders.

Aber kein Tag, keine Stunde, keine Minute folgt auf diesen Augenblick. Es ist ein besonderer Augenblick im Leben des Entdeckers. Es ist der letzte. So berichtet Günter Grass in seinem dem Freund gewidmeten Buch »Kopfgeburten«: »Nicolas Born stirbt seit Wochen. Wir besuchen ihn im Berliner Klinikum Westend. Krebs hat ihn überall besetzt. Nach einer Kopfoperation, die einer Lungenflügelamputation folgte, ist sein westfälischer Schädel (rasiert nun, abgemagert) ein wenig zur Ruhe gekommen: Man spricht von drei Monaten Frist. Er entschuldigt sich für seinen Zustand. Wir sitzen zu gesund neben dem Bett. Wie ich ihm von der Vergabe des Döblin-Preises an Gerold Späth berichten will, bittet er uns, sein Gedächtnis nicht nach Namen und Zusammenhängen zu befragen. Da seien jetzt Löcher. Auch Wörter wie weg.«

Wortfetzen. Leerstellen statt Erinnerungen. *Keine Gefühle*, denkt er, hat er drei Jahre zuvor den Erzähler seines zweiten Romans, *Die erdabgewandte Seite der Geschichte*, denken lassen. Schriftsteller, wie er. Eine Tochter, von der Ehefrau getrennt, von der Geliebten verlassen. *Keine Gefühle*, *dachte ich, nur noch Gefühlsrekonstruktionen, Erfindungen.* Sein Held ist sein Doppelgänger. Ein lebenssüchtiger Melancholiker, benommen, handlungsunfähig, *zeitlebens ohne Leben, bis zum Tode immer nur Anwartschaft auf Leben, hoffnungsloses Herumprobieren.* Die Wirklichkeit im Roman ist eine verquere Foto-Montage-Fata-Morgana, ein alberner Comic-Strip, ein falscher Film, in dem alle aus Versehen und mehr schlecht als recht mitspielen. Das Reale ist gar nicht real. Zitate ersetzen Taten. Nichts ist selbstverständlich. Nichts ist, wie es sein sollte. Die Realität ist eine Fälschung, das Original eine Phantasie. Das Leben ist eine *Verhaltenskomödie*, der Tod eine *Selbstinszenierung*. Der Dichter Lasski, vormals der beste Freund des Erzählers, verreckt in Berlin. Der Dichter Brinkmann, oftmals der *unversöhnliche Freund* des Autors, zur selben Zeit in London. Krepiert. Wie ein Hund. Hatte Kafka geschrieben. Hatte er gedacht, hatte er seinen Erzähler denken lassen. Noch ein Zitat. Präzise, lesenswert.

Kunst heißt / das Leben mit Präzision verfehlen. Es ist dem Entdecker gelungen. Aber am Ende hat der Tod härtere Konturen als die Phantasie. *LASSKI IST TOT* hatte sein Alter ego in *Die erdabgewandte Seite der Geschichte* geschrieben, um sich der Wirklichkeit des Todes zu vergewissern. Auch er schreibt, um mehr wahrzunehmen. Etwas zu sehen, zum ersten oder letzten Mal. Etwas zu entdecken in dem zeitlosen Augenblick, in dem das Leben aufhört und das Sterben beginnt. Schreiben ist kein Sprachspiel, sondern Magie, die Fakten bannt, verwandelt. Der »Prophet der Hoffnungslosigkeit«, wie ihn sein Freund, der Dichter Rolf Haufs, nennt, hat eine letzte Hoffnung: Er möchte noch ein, zwei Jahre leben. Sein Wunsch wird nicht erfüllt.

Wer stirbt? Der Dichter? Der Beobachter der *Marktlage*, wie der erste Lyrikband hieß, erschienen 1967. Der Verfasser der Gedichtsammlung *Wo mir der Kopf steht* aus dem Jahr 1970.

Ich, Born, Sohn des Born. Geboren am 31. Dezember 1937 in Duisburg. Vater Polizist, Mutter Hausfrau. Frühe Kindheit auf dem Lande nahe der holländischen Grenze, acht Volksschuljahre, Lehre als Chemigraf in einer Essener Großdruckerei. Aufgewachsen mit Laubenpieper, Taubenvatter und Rot-Weiß-Essen. Der junge Mann trampt nach Italien, Griechenland und in den Orient. Er debütiert in der regionalen Presse, tritt der IG Druck und Papier bei und der SPD. Er boxt, fährt Motorrad und rockt wie Elvis. Das ist normal. Er liest und dichtet. Das ist seltsam und wird abgelehnt. Aber viele nehmen den jungen Autor nicht besonders ernst, der in dieser Zeit Klaus Jürgen Born heißt.

Johannes Bobrowski, Hans Bender und vor allen anderen der Hagener Lyrik-Altmeister Ernst Meister fördern jedoch sein Talent. Dabei stellt er im Hauptberuf Klischees her, Druckplatten für Pressefotos. Er bewohnt mit Vater und Mutter, Ehefrau und Tochter ein Reihenhaus im Arbeitervorort Altenessen. Samstags putzen die Männer die Autos und die Frauen die Fenster. Er bezieht eine Neubauwohnung in Essen-Holsterhausen. Wenn er nach Hause kommt, stellt seine Frau ihm ein Bier hin. Das Manuskript seines Romans verbirgt er vor ihr. *Das war ein falsches Leben gewesen*, heißt es in *Die erdabgewandte Seite der Geschichte* über diese Zeit. *Das war ein falsches Leben gewesen, auch dann, wenn ich nie ein richtiges Leben würde führen können, war das Leben ein falsches gewesen.*

Die Flucht nach vorn. Wann hatte sie begonnen? Wohin hatte sie geführt? Die Bilder der Vergangenheit, unverbundene Erinnerungsreste, die eigene Geschichte, die ihn mit einem Schlag erfüllt. Berlin, Iowa City, Bergen-Enkheim. Viel zu oft unbehaust. Köln, Rom, Beirut, Berlin. Sofaecken, Hotelbetten. Essen, Hamburg, Berlin. Reisefieber, Wohnungsnot. Berlin, immer wieder Berlin.

Berlin im November 1963. Auf Einladung des Literarischen Colloquiums nimmt der von seiner Firma freigestellte Essener Chemigraf Born an dem Seminar »Prosaschreiben« teil. Die Lehrer heißen Walter Höllerer, Günter Grass, Peter Weiss, Peter Rühmkorf, Hans Mayer und Ernst Bloch. Schüler sind Peter Bichsel, Hans Christoph Buch, Hubert Fichte, Klaus Stiller, Hermann Peter Piwitt, Ror Wolf. Alle zwischen zwanzig und dreißig. Alle zu jung und zu alt in diesen frühen 60er Jahren. Eine deutsche Spätausgabe »zorniger junger Männer«, so scheint es. Aber in ein paar Jahren werden sie privatisierende Insassen des Elfenbeinturms sein, enttäuscht von der Unverfrorenheit der Wirklichkeit und von der Unmündigkeit des Geschehens, geborgen im bukolischen Idyll norddeutscher Gehöfte oder elegischer Kastelle zwischen Siena und Florenz. Nicolas Born, der Berliner Eckkneipen schätzt, Eintopf, Fußball und die SPD, ist anders als die anderen und freundet sich doch rasch mit ihnen an.

Die Frauen sind Ehefrauen. Man muss sich von ihnen trennen. Sie sind Geliebte. Man will sie verlassen. Sie sitzen hinter dem Eisernen Vorhang und schreiben Liebesgedichte. Die möchte man besuchen. Kurz nach dem Mauerbau geht die Reise mit Haufs, Meckel, Buch, Schneider und Grass vom Bahnhof Zoo zum Bahnhof Friedrichstraße, vier Jahre lang, Manuskripte schmuggelnd, bereit für die Lesungen bei Sarah Kirsch und bei Sibylle Hentschke in Ost-Berlin, bei Kunerts in Buch und bei Schädlichs in Köpenick. Da gibt es Würstchen, Streuselkuchen und Kohlsuppe. Da spielt man Fußball, jeder gegen jeden, da spricht man über frühe Gedichte, über einen Kuss unter der Brücke von Köln-Knapsack.

Ihr Gesicht heißt Heidelinde, dann Christel, dann Irmgard. Wird sie ihn vermissen? Sie, der er sein letztes Buch gewidmet hat, *Die Fälschung*. Und die Töchter? Undine, Rike-Marie und Katharina? Wird er ihnen fehlen? Aber hat er nicht schon vor Jahren von allen Abschied genommen? In seinem Gedicht *Abschied fürs Leben/und Abschied für den Tod* hatte der Entdecker sich zeilenweise ordentlich von Vater und Mutter verabschiedet, von Onkel Heinrich, von der alten Weide vor seinem Fenster, von Piwitt, Buch und Grass, von der ersten und der zweiten Ehefrau, von Anna, Karin, Marianne, Gisela, Barbara, Margret, Peter. Und von dem alten Dichter in ihm selbst, den er entdeckt hatte, als er noch in Essen lebte, der *Stadt der Schlussverkäufe* mit dem schöngelegenen See und dem Grüngürtel.

Stadtrundfahrt für Alte und Einsame hatte der junge Autor aus dem Revier 1963 geschrieben, *Schlussmachen* und *Sterben*. Seine Helden tragen Hosen mit Bügelfalten, *die stehen wie 'ne Eins, da kannst du Kartoffeln mit schälen*. Sie trinken Samtkragen und Sternpils an der Theke, essen Suppe mit breiig gekochten Bohnen, aber keinen fetten Speck. Sie sprechen viel über Boxkämpfe, fahren gebraucht gekaufte Opel und haben schon Fernseher. In die starren die Ehefrauen mit den hochtoupierten Frisuren nach dem Abendbrot, während Gerd, Kurt, Otto und alle anderen Ehemänner und Väter Samtkragen und Sternpils an der Theke trinken und später Sekt und Bommerlunder mit Lotti und Roswitha in Roswithas Wohnung. Der Fussballnationalspieler Libuda reist durch die alte Heimat: *Helmut Rahn ist hier zu Hause, Helmut: Schlappen drauf, schießen, Tor!* Essen ist die Stadt der Zechen, in denen kohlenschwarze Reviermenschen mit schneeweißen Gebissen arbeiten. Sonntags der Badespaß am Kanal, eine Ziege im Garten, die Tauben im Schlag, einmal in der Woche Skatspielen beim Kumpel. Hinter den sorgsam gefältelten und gesteckten Gardinen werden Gummibäume und Alpenveilchen verschoben, damit sich das Fenster zum Hinauslehnen öffnen lässt.

Szenen aus dem poetischen Niemandsland. 1965 erhält der Duisburger Schriftsteller Nicolas Born den Literaturförderpreis des Landes Nordrhein-Westfalen. Die unpathetische Arbeiterliteratur der Region ist nicht seine Sache. Er schließt sich weder der Dortmunder »Gruppe 61« um Max von der Grün an, noch dem politisch radikaleren »Werkkreis Literatur der Arbeitswelt« um Günter Wallraff. Vielmehr lernt er 1964 den Schriftsteller Dieter Wellershoff kennen, der als Lektor des Kölner Verlags »Kiepenheuer & Witsch« eine sozialkritische Dichtung fördert. Im Frühjahr 1965 publiziert Wellershoff in der hauseigenen Literaturzeitschrift »Die Kiepe« einen programmatischen Aufsatz unter dem Titel »Neuer Realismus«, in dem er für eine Literatur wirbt, die konventionelle Wahrnehmungsmuster attackiert. Die Fotoporträts in der Zeitschrift zeigen die jungen Dichter (keine Schriftstellerin ist unter ihnen) der sogenannten »Kölner Schule«: Rolf Dieter Brinkmann, Günter Herburger, Günter Steffens, Günter Seuren, Paul Pörtner und Nicolas Born.

Die Frauen sind Ehefrauen. Man muss sich von ihnen trennen. Nicolas Born kündigt 1964 seine Arbeitsstelle und verlässt Frau und Kind. In Berlin wartet die Intelligenzia mit halbstarkem Wortwitz, arrogantem Zynismus und selbstgerechter Larmoyanz auf den Freund aus dem Kohlenpott. Zu ihr gehört Hermann Peter Piwitt, der Born in seinen literarischen Erinnerungen »Deutschland. Versuch einer Heimkehr« als »großen, unausgeschlafenen Engel« beschreibt, hausvaterhaft, alt-deutsch. Wenn die anderen Haschisch rauchen, schreibt er Gedichte über den armen Teufel Manfred Bock und über Heidelinde aus Köln-Knapsack und darüber, was das alles mit ihm zu tun hat. Er übt sich an Vorbildern, die die akademisch gebildeten Kollegen in langen Charlottenburger Nächten vergessen müssen. Er wechselt Wohnungen wie Kneipentische. Ständig unterwegs mit Biermanns, Brinkmanns, Grassens und allen anderen. So viele Freunde. Und ein paar Gegner, denen er vorwirft, sich den Erfolg zu billig zu erkaufen.

Er publiziert in der linken Kulturzeitschrift »konkret«, ist befreundet mit Ulrike Meinhof, Gudrun Ensslin und Bernward Vesper. Er bezieht Stellung für Willy Brandt, gegen Axel Springer, die Notstandsverfassung und den Krieg in Vietnam. Er sympathisiert mit der Revolte, mit der Außerparlamentarischen Opposition. Aber wie sein Protagonist in *Die erdabgewandte Seite der Geschichte* bleibt er auf seltsame Weise unbeteiligt an den gesellschaftlichen Umbrüchen. Denn der Aufstieg ins Bildungsbürgertum war mühsam. Auch misstraut er der Ideologie und den kollektiven Zukunftsvisionen seiner vormals apolitischen Freunde, die ihn nun *über Nacht links überholen*. So ist er ein Außenseiter in der Szene wie der Erzähler in *Die erdabgewandte Seite der Geschichte*, dessen manischer Wahrnehmungsskeptizismus die Trivialität historischer Ereignisse offenbart.

Und mitten im Geschehen steigt er aus. 1969 reist er nach Iowa City, einer Kleinstadt im Mittleren Westen der USA, eingeladen vom Writer's Workshop der University. Robert Creeley, Allen Ginsberg, Frank O'Hara und Kenneth Koch heißen die amerikanischen Freunde, deren Gedichte er übersetzt. Zwei Jahre später lebt er in Berlin-Friedenau. Zusammen mit Irmgard, seiner zweiten Frau.

Damals glaubte er fest an das Glück. Damals hoffte er, das Sein werde mit ihm eine Ausnahme machen und nicht sein Bewusstsein bestimmen. Damals träumte er von der völligen Entbindung des Ichs aus der totalitären Wirklichkeit: *Jeder ist eine gefährliche Utopie, wenn er seine Wünsche, Sehnsüchte, Imaginationen wiederentdeckt unter dem eingepaukten Wirklichkeitskatalog.*

Seine Utopie ist nicht marxistisch-konkret, sondern subjektiv-phantastisch. Er ist gegen systemkritische O-Ton-Literatur und propagandistische Agitprop-Lyrik, aber für eine Dichtung, die sich gegen den Alleinvertretungsanspruch des *Wahnsystems Realität* richtet. *Wir sind so eingestellt, dass wir alle unsere Vorstellungen an der Realität und an ihren Maßstäben von Realisierbarkeit messen, anstatt Realität immer an unseren besten Vorstellungen zu messen.* Das schreibt er 1972 in einem Aufsatz, in dem er sich gegen eine Literatur wendet, die die Misere dokumentiert ohne Alternativen aufzuzeigen. Zum Schluss dann der Appell an das deutsche Dichtergewissen, den Kindertraum von Glück und eigener Unsterblichkeit neu zu beleben: *Erst dann werden wir uns voll bewusst, was wir alles entbehren und um was wir alles betrogen sind.*

Kurz darauf versucht er, den Alltag in einen einzigen Glücksmoment zu verwandeln. Wie andere Künstler und Schriftsteller, die ein paar Jahre älter sind als Rudi Dutschke, Benno Ohnesorg und die Bewohner der »Kommune 1«, entschließt er sich zur Landflucht. Hans Christoph Buch lebt zu Beginn der 70er Jahre im Kreis Lüchow-Dannenberg. Ab 1973 siedelt auch Nicolas Born im Elbholz, um neben Texten für Kinder, Hörspielen, Essays und Reden seine beiden wichtigsten Romane zu schreiben, mit denen er die Bestenliste des Südwestfunks anführt. Er wird Mitherausgeber von Rowohlts »Literaturmagazin«, Mitglied der Jury zur Verleihung des Petrarca-Preises, der Mainzer Akademie der Wissenschaften und der Literatur, der Deutschen Akademie für Sprache und Dichtung in Darmstadt und des PEN. Er wird mit dem Förderpreis Literatur zum Kunstpreis Berlin ausgezeichnet, mit dem Literaturpreis der Freien Hansestadt Bremen und mit dem Rainer-Maria-Rilke-Preis für Lyrik. Er reist nach Jugoslawien, Italien, Österreich, Ungarn und in den Libanon. Er ist Stipendiat der Villa Massimo in Rom, Literaturdozent in Essen und Stadtschreiber in Bergen-Enkheim. Atemlos, immer der Erfüllung auf der Spur.

Im Wendland bezieht er das Haus, das abbrennt, das Haus, das Hans Christoph Buch bewohnt, das Haus, das der Graphiker Uwe Bremer besitzt, das Haus, in dem sich die

Kinderarztpraxis seiner Frau befindet, und das neue Haus in Breese. Im Garten baut er mit alten Balken das Backhaus wieder auf. Seine Schreibwerkstatt. Er wird sie nie nutzen.

Seine Utopie ist am Ende. *Die Fakten holen die Fiktionen ein. Die Fakten haben uns überholt. Die Erde ist aufgeteilt. Landnahmen für utopische Gemeinwesen sind nicht mehr möglich.* Das schreibt er 1975 im Vorwort zur dritten Ausgabe des »Literaturmagazins«. Die Welt, in der er lebt, ist eine Welt, in der das Wünschen nicht mehr hilft. Es ist die Welt des Großen Bruders, des Berufsverbots, der Atomkraftwerke, der Atommülldeponien in Gorleben und anderswo, der totalen Vernetzung, der *Megamaschine.* Seine depressive Selbststilisierung entspricht der allgemeinen Verdrossenheit. Deutschland im Herbst 1977. Das ist das Ende der Illusionen von 1968.

Vorbei die Zeit der Hoffnung, der Utopie, der Vision vom Glück. Nicolas Born verhöhnt die Linken, verweigert sich jedem System, zieht sich zurück von Menschen und Dingen und pflegt den eigenen Untergang. *Wenn ich jetzt ganz leer bin/dann ist das die Rache der Wirklichkeit.* Ein Opfer des Fortschritts. Seine Helden sind Anti-Helden wie die Anti-Helden seiner Freunde Peter Schneider und Peter Handke. *Lieber keine Identität,* schreibt er 1978 in einem Brief an Günter Kunert. *Lieber zusammengesetzt sich fühlen aus lauter sich gegenseitig abstoßenden Fremdorganen.*

Lieber die Irritation als die Identifikation mit der entfremdeten *Welt der Maschine.* Lieber stören als funktionieren. Denn längst übertrumpfen die Medien das Reale, längst verdrängt Synthetisches Authentisches. Der Schein bestimmt das Bewusstsein. Der Schein ersetzt das Sein. Das Leben ist ein Leben aus zweiter Hand. Eine *Fälschung.* Volker Schlöndorff verfilmt 1981 den Roman in Beirut. Mit Bruno Ganz als Sensationsreporter Georg Laschen.

Der Hamburger Journalist besichtigt zusammen mit dem Fotografen Hoffmann den Bürgerkrieg im Libanon wie eine

Sehenswürdigkeit. Professionelle Voyeure, die im zerbombten Beirut den Wahnsinn der Normalität entdecken. Aber dann beschließt Laschen, keine Gemetzel mehr für die sensationsgierigen Leser im friedlichen Deutschland zu inszenieren. Denn jede Reportage über dieses *wichtigtuerische Kriegsspiel* ist eine Fälschung. Sein ganzes Leben ist eine Fälschung. Auch die Liebe ist eine Fälschung. Die Ehefrau hat einen Geliebten, so dass er sie verlassen will, um die Geliebte zur Ehefrau zu nehmen. Doch die Geliebte hat einen Freund. Ohnmächtig kehrt Laschen nach Hamburg zurück. Er gibt seinen Schreibberuf auf, obwohl ihm einmal, im Fieber, eine authentische Beschreibung des Geschehens gelungen ist. Schreiben als Ausdrucksform der Selbstverwirklichung statt der Selbstverleugnung. Erinnerung, Gefühl, Erlebnis statt Maske, Pose und Meinung. Er kündigt seine Arbeitsstelle. Das Leben ist anderswo. Er legt sich ins Bett. Sterbensmüde.

Vielleicht ist der, der kurz vor seinem 42. Geburtstag stirbt, so überlegt Günter Grass in »Kopfgeburten«, der »ruhige Born. Der gesetzte Born. Der Bauer. Der Stille. So bleibt sein Bild ungenau und wird nicht genauer, seitdem er sich gehen lässt, die ihm verordnete Statik aufbricht, der unruhige, geschäftige, getriebene, der immer betroffene, der zunehmend gefährdete Born ist: ein von Flugangst besessener Flugkörper. Jedem Absturz vorweg.«

Die Frau schüttelt die Kissen auf, in der Seitenlage wird der unaufhörliche Schmerz erträglicher. Der Schmerz zerreißt Wörter der Erinnerung, der Schmerz erstickt Wörter der Utopie. Der Schmerz vernichtet die Phantasie.

Nicolas Born wird vor dem Elbdeich, auf dem Dorffriedhof von Damnatz, beigesetzt. Die Wintersonne scheint, die Hähne krähen. So viele Hamburger, so viele Berliner Autokennzeichen. Heinrich Maria Ledig-Rowohlts Worte an Sisyphos' Grab. Grass erinnert sich, beim Abschied gesagt zu haben: »Nicolas Born ist tot. Trost weiß ich nicht. Wir könnten versuchen, ihn weiter zu leben.«

Zu seinem fünfzigsten Geburtstag die Gedenkfeier in der Akademie der Künste, Berlin, die Gedenkblätter im »Literaturmagazin 21«. Der Verleger Dr. Hubert Burda stiftet den Nicolas-Born-Preis für Lyrik. *Das Verschwinden aller/im Tod eines einzelnen* heißt ein Gedicht des Entdeckers. Es ist nicht das letzte.

Nachweise

Folgende Texte sind im Original oder in ähnlichen Fassungen erstmals an folgenden Orten erschienen:

Olgas Augen. Eine literarische Skizze. In: Artist Talk. Die Berliner Schriftstellerin Elke Heinemann im Gespräch mit Petra Schaefer vom Deutschen Studienzentrum in Venedig / Centro Tedesco di Studi Veneziani, Palazzo Barbarigo della Terrazza, Venezia, 7.11.2022 (YouTube: https://www.youtube.com/watch?v=_2MNQCV5QVo)

Kleists Briefwechsel mit einer Dame Oder Über die allmähliche Verfälschung der Schriften beim Redigieren. In: Sinn und Form. Beiträge zur Literatur 3, Akademie der Künste, Berlin 2017

Wahre Fälschung. In: metamorphosen. Magazin für Literatur und Kultur 19, Verbrecher Verlag, Berlin 2017

Under Cover. James Kirkups Erzählung über Heinrich von Kleist und Thomas Pynchon. In: Sinn und Form. Beiträge zur Literatur 1, Akademie der Künste, Berlin 2018

Vom Überleben der Scham. Kafkas entlegene Schriften. Unter dem Titel Vom Überleben der Scham in: Zeno. Jahrheft für Literatur und Kritik 35, Universitätsverlag Rhein-Ruhr, Duisburg 2015

Der Brief an den Vater. In: Zeno. Jahrheft für Literatur und Kritik 31, Universitätsverlag Rhein-Ruhr, Duisburg 2011

Du, schreib doch mal einen Roman! In: Zeno. Jahrheft für Literatur und Kritik 36, Universitätsverlag Rhein-Ruhr, Duisburg 2016

Berlin Blues. In: Stuttgarter Zeitung, 3.5.2003, S. 46 und Freitag, 18.7.2003, S. 20

Trennmüll. Proteste. Unter dem Titel Schriftstellerin sucht Container in: Stuttgarter Nachrichten, 7.12.2002, S. 45

Nachmittag einer Dichterin. Unter dem Titel Die Dichterin. Eine Art Porträt in: Konkursbuch 44: Schreiben, hg. von Claudia Gehrke und Regina Nössler, Konkursbuch Verlag, Tübingen 2006

Versuch über William Beckford. Unter dem Titel Versuch über William Beckford im Jahr 2022. In: Sinn und Form. Beiträge zur Literatur 4, Akademie der Künste, Berlin 2022

Liebesverdachtsgeschichte. In: Zeno. Jahrheft für Literatur und Kritik 34, Universitätsverlag Rhein-Ruhr, Duisburg 2014

»Mehr Licht!« In: Tausend Tode schreiben, hg. von Christiane Frohmann, Frohmann Verlag, Berlin 2014 (eBook-Version 1/4, 1.12.2014)

Augenblicke im Leben des Entdeckers. Eine Erinnerung an den Schriftsteller Nicolas Born, der vor zwanzig Jahren gestorben ist. In: Frankfurter Rundschau, 11.12.1999, S. ZB 2, ausgewiesen als »erster großer Gedenkartikel über Born« am Anfang einer Wiederentdeckung des Autors in: Nicolas Born und die politische Literatur, 1967-1982, hg. von Sven Kramer und Martin Schierbaum, Erich Schmidt Verlag, Berlin 2010, S. 179

Über die Autorin

Elke Heinemann, geboren in Essen, lebt als Schriftstellerin und Publizistin in Berlin. Sie wurde vielfach für ihre Arbeit ausgezeichnet, die Romane umfasst, Monografien, Erzählungen, Lyrik, Essays, Hörspiele, Radio-Features, Feuilletons und Kolumnen in Zeitungen wie DIE ZEIT, Frankfurter Allgemeine Zeitung und Frankfurter Rundschau. Auch war sie selbst Jurorin verschiedener Literaturwettbewerbe in Deutschland, Österreich und Südtirol. Letzte Veröffentlichungen: Fehlversuche. Kein Kinderbuch; E-Lektüren. Kolumnen aus der Frankfurter Allgemeinen Zeitung; Nichts ist, wie es ist. Kriminalrondo. 2018 wurde sie für ihr Gesamtwerk mit dem Literaturpreis Ruhr geehrt, 2022 mit dem Venedig-Stipendium der Bundesrepublik Deutschland.